U0511932

国家社科基金青年项目，社会转型中的农民集体行动研究——以浙、苏、闽三省环境冲突事件为例（09CSH015）

# 保卫绿水青山

## ——中国农村环境问题研究

BAOWEI LÜSHUI QINGSHAN
ZHONGGUO NONGCUN HUANJING
WENTI YANJIU

童志锋◎著

人民出版社

# 序　言

自从有了人类社会,也就有了环境问题,但在社会发展的不同阶段,环境问题有着不同的表现。工业社会以来,人类对于自然环境的干预和影响空前加大,由此造成的环境问题也非常严重。中国改革开放以来快速推进的工业化、城市化和现代化,其环境影响呈现出时空压缩的特征,由此造成的环境问题也非常突出。尤其是农村地区,它不但在自身发展的过程中受到污染,而且还要承担城市污染的转移,并且其环境治理体系与能力的现代化相对滞后,因此一些地区生态环境破坏非常严重,并引起了农民针对企业或政府的集体抗争行为,表现为一些突发群体性事件。值得警惕的是,此类事件在一段时期内呈现出数量增长和形式激烈的趋势。有不少学者,从社会学、政治学、传播学或者环境治理与危机处理的角度,对农民环境抗争进行了调查研究。童志锋教授是较早从事这方面研究的学者之一,其博士学位论文就是这个主题。

该书承袭了作者原有研究的理路,但更加深入、系统,并且又作出了新的贡献。作者的问题意识非常明确,全书围绕如下两个问题展开分析:(1)为什么在 20 世纪 90 年代以后的一段时期内,农民环境抗争事件出现持续增长？(2)在具体的环境抗争事件中，农民为什么会参与环境抗争？哪些因素影响了环境抗争的生成或发展？在中国特定发展阶段出现的环境抗争具有其特殊的表现和逻辑，只有直面抗争实践，抛开固有的理论范式之争，兼容并蓄，努力构建本土化的解释性理论，才能更好地理解当代中国农民环境抗争现象。基于多案例实证研究，作者试图从国家的视角分析农民环境抗争的兴起与发展，揭示农民抗争的基本逻辑。基于这样一种理论视角，作者分别对预设的问题进行了回答：(1)后发展国家试图快速赶上发达国家的基本战略，使得中国走上了压缩型的工业化、城市化和现代化道路，在很大程度上不可避免加剧环境压力，包括导致农村大规模的环境污染和破坏，恶化了农民生存和发展环境，从而成为环境抗争数量增加的重要背景因素；(2)国家的性质、国家渗透能力、政治机会结构等因素则进一步影响了农民环境抗争的生成和发展。作者指出："强大的国家的渗透性权力迟滞了农民环境抗争的发生"，"由于国家对于有组织抗争的管制，使得西方意义上的基于社会运动组织的资源动员在中国很难有生存的空间，这就迫使另一种日常社会关系网络的机制在抗争的进程中发挥着重要的作用。"这样一种视角既是对已有理论视角的继承，也努力进行了新的拓展。虽然本书的一些方面还是存在着改进的空间，但是看得出作者是很认真的。

在深入系统研究的基础上，作者提出的一些观点也值得我们深思。例如，作者在结论与讨论部分提出了"社会稳定的环境基础"的命题，这是极具理论价值和实践意义的。环境问题不仅影响全体社会成员的福祉，而且当其与社会分化交互作用时，也成为加剧社会关系紧张的重要因素。党的十八大以来,以习近平同志为核心的党中央,深刻总结人类文明发展规律,将生态文明建设纳入中国特色社会主义"五位一体"总体布局和"四个全面"战略布局。2018年5月,在全国生态环境保护大会上,习近平同志指出:"生态环境是关系党的使命宗旨的重大政治问题,也是关系民生的重大社会问题。广大人民群众热切期盼加快提高生态环境质量。我们要积极回应人民群众所想、所盼、所急,大力推进生态文明建设,提供更多优质生态产品,不断满足人民群众日益增长的优美生态环境需要。"这就是说,环境问题既是环境质量的问题,也是经济问题、社会问题,在一定条件下也会发展成政治问题,关系到党的事业发展和国家长治久安。持续加大环境保护力度,用制度建设创造生态文明,是缓和社会矛盾、促进社会和谐稳定的治本之举。

在本书最后,作者还探讨了制度建设和机制创新对于减轻环境抗争烈度,缓和与控制其负面社会影响的重要作用。作者指出:公众对社会主流价值观的自觉认同,法治与利益表达的空间与制度化,是防止环境抗争影响政治稳定的核心因素。相应地,作者提出要让社会组织发挥稳定器的作用,建构制度化的社会表达机制、常规化的社会合作机制、制度化的事前预防和事后应急机制,这些可以说是具有借鉴意义和参考价值的,希望能够引起实际工作部门和各地方的关注。

作为环境社会学领域的青年学者,童志锋教授一直很努力,不断有新的研究产出。环境社会学是一门新兴分支学科,环境抗争是环境社会学研究的重要领域之一。我曾经讲过,中国环境与社会互构演进的丰富实践，为中国环境社会学的成长提供了肥沃的土壤。只要坚持正确的立场、观点和方法，就会做出有价值的研究成果，在发展环境社会学学科的同时，也为促进中国环境治理和生态文明建设做出有价值的贡献。我很期待童志锋教授不断总结现有研究的不足，不断完善和推出新的著作，更期待有更多的青年学者投身于环境社会学研究。

应童志锋教授之邀，谨为此序。

洪大用　教授

中国人民大学社会学理论与方法研究中心

2018 年 12 月 4 日

# 目　　录

# 第一章 绪 论

## 第一节 中国农村环境问题概述

20世纪80年代以前，农村环境问题已经在局部地区出现。但其急剧蔓延与90年代以后快速的工业化、城市化等导致的污染恶化有关。国家环保总局历年度《中国环境状况公报》显示，“八五”期间（1991—1995年），全国环保系统共受理来信28.3万封，其中1995年为5.8万多封，而2001年达到了36.7万多封，超过上述5年的总和，为1995年的6倍；到2004年，环境来信数量更进一步增加到近60万封，为“八五”期间的2倍多和1995年的10倍。而环境上访数量也从1995年的5万余批增加到2001年以后的每年8万—9万批。2006年，环境信访量超过61万余封。环保部信访部门的数据显示，“十一五”期间，环境信访高达30多万件。

由农民负担问题引发的抗争主要集中在以农业为主要产业的省区，如安徽、江西、河南、湖北、湖南和四川等地。而环境抗争似乎更多地集中在工业化程度较高或迅速走向工业化的省份。例如,1999 年度环境信访案件的分地区统计数据表明,工业增加值均超过 2500 亿元的 4 个工业大省山东、江苏、浙江和广东的环境信访量达到 9. 84 万件,占到全国总量的 39%,其中广东一省超过河南、安徽、江西、湖南和湖北 5 个农业省份的总和(33038 件),为另一个农业大省四川(8782 件)的 4 倍。2004 年,山东省的环境信访数量更高达 78261 件,比 5 年前翻了一番。这种状况意味着,在那些工业化程度较高的省区,环境问题引发的社会冲突可能较那些农业省区更为普遍和严重。同时也警示我们,当那些农业省区的基层政府因为农业税的取消和“摊派”难以实现而遭遇财政困境,转向主要通过“招商引资”来促进工业增长和培育财源的情况下,因“农民负担”问题引发的冲突可能会减弱,而因环境问题引发的冲突则有可能急剧上升。① 已有学者指出,环境污染问题已经成为农民上访最主要的原因之一,占到总上访数量的 20%。②

与环境信访的急剧增加并行的是实际发生的环境纠纷的凸显。根据《中国环境报》2005 年 1 月 17 日的报道,2001—2003 年,全国发生的环境污染纠纷分别高达 5. 6 万、7. 1 万和 6. 2 万起。据新华网报道,“近年来,因环境问题引发的群体性事件以年均 29%的速度

① 张玉林:《政经一体化开发机制与中国农村的环境冲突——以浙江省的三起“群体性事件”为中心》,香港中文大学中国研究服务中心网,2007 年 2 月 20 日,http://www.usc.cuhk.edu.hk/wk_wzdetails.asp? id=5920。

② 王晓毅:《农村环境问题与农村发展》,社会学人类学中国网,2009 年 2 月 9 日,http://www.sachina.edu.cn/Htmldata/article/2009/02/1790.html。

递增。2005 年,全国发生环境污染纠纷 5.1 万起”①。有学者把环境纠纷引发的群体性事件与征地拆迁、劳资纠纷、业主维权相提并论,并指出它们在群体性事件中占了相当的比重。② 环境群体性事件不仅在数量方面有所增长,在规模方面也有所增大。有统计表明,2000—2013 年间,环境污染是导致万人以上群体性事件的主要原因,在所有万人以上的群体性事件中占 50%。③

据张玉林教授的调查,2005 年,江苏即发生多起环境群体性事件:4 月中旬,无锡市的数百居民因某电化厂氯气泄漏导致 88 人中毒而阻断 312 国道;6 月,宜兴市新庄镇的多名农民因污染赔偿遭拒而封堵公路、打砸村委会和化工厂;12 月底,徐州市贾汪区塘镇的 100 多名农民因水源受到污染而围堵某化工厂,并与厂方雇用的 70 多名社会闲散人员发生殴斗。④

2005 年 4—8 月,浙江也连续发生了三起重大的环境抗争事件,分别是 D 市 S 镇的“4 · 10”事件、新昌县—嵊州市交界地带的“7 · 15”事件和长兴县煤山镇的“8 · 20”事件。这些事件冲突剧

① 崔清新:《周生贤:中国平均两天发生一起突发环境事件》,人民网,2006 年 4 月 19 日,http://politics.people.com.cn/GB/1027/4312453.html。

② 于建嵘:《当前群体性事件的态势和特征》,腾讯网,2016 年 2 月 23 日,http://cul.qq.com/a/20160223/023980.htm。

③ 《社科院统计 14 年间群体性事件:广东居首 劳资纠纷是主因》,观察者网,2014 年 2 月 25 日,http://www.guancha.cn/society/2014_02_25_208680.shtml。

④ 张玉林:《政经一体化开发机制与中国农村的环境冲突——以浙江省的三起“群体性事件”为中心》,香港中文大学中国研究服务中心网,2007 年 2 月 20 日。

烈、破坏性强,引起省委省政府的高度重视。2011 年,内蒙古锡林郭勒盟相关矿场接连发生两起死亡事件,成为牧民愤怒情绪爆发的导火索,进而引发了近年来内蒙古规模最大的群体性事件。而牧民对于附近矿场破坏环境的不满可以追溯到五六年前,但是多年维权一直无果。2012 年 7—8 月,四川什邡和江苏启东先后发生了大规模环境群体性事件,甚至引发严重的社会骚乱。同年 10 月,宁波镇海 PX 项目引发群体性事件。2014 年 3 月,广东茂名发生了大规模的反 PX 项目群体性事件,2014 年 5 月,浙江余杭中泰垃圾事件引发大规模群体性事件。

一方面,因环境问题引起的社会冲突明显增加,已经影响到了基层社会稳定。然而,政府和社会部门对农民参与环境冲突的原因、动员的力度和方式等问题还存在诸多知识盲点,甚至有时会采取错误的方式处理问题。例如,个别地方政府面对农民的诉求,推托敷衍,一味压制,结果延误了解决问题的时机,这反而导致了社会不稳定。另一方面,城乡居民对地方政府环境治理不力的不满情绪较大,地方政府需要尽快掌握环境维权问题的基本逻辑。如中国社科院“中国社会状况综合调查”课题组 2008 年调查也显示:从不满率的角度看,环境保护是公众对地方政府工作评价最差的方面,有近 40%的城乡居民表示不满。① 因此,我们亟须对“污染与抗争”问题进行研究与讨论,减少由于对于环境问题的误判而引发的不确定性,最大限度地“增促社会进步,减缩社会代价”。

① 中国社会科学院“中国社会状况综合调查”课题组:《2008 年中国民生问题调查》,中国网,2009 年 1 月 12 日,http://www.china.com.cn/aboutchina/zhuanti/09zgshxs/content_17095610.htm。

## 第二节　中国环境抗争研究概述

环境抗争是指行动者在遭受或将要遭受环境危害之后，为了制止或防止环境危害的继续发生，而公开向造成环境危害的组织和个人，或向社会公共部门（主要是国家机构）作出的呼吁、警告、抗议、申诉、游行、示威等对抗性行为。

近些年来，学术界对于抗争性政治的研究逐渐增多，形成了一定研究范式。但是对于中国环境抗争问题，学者关注仍显不足，有影响的成果仍然。目前，主要有两个学科涉及环境抗争问题的研究与讨论，即环境法学和社会学。其中，环境法学者关注的重点是环境纠纷、环境诉讼（包括公益诉讼），社会学学者更关注环境维权及其冲突。从文献的转引分析，两个领域的学者明显缺乏交流，对于对方的成果并不熟悉。

从行动者的层次而言，个体、群体和组织三个层面都有所涉及。群体抗争主要是通过对乡村或街区的环保事件（包括集团诉讼）的研究，分析抗争的策略与动力①。组织抗争主要是指环保

① Jing, Jun., "Environmental Protests in Rural China", in Chinese Society: Change, Conflict and Resistance edited by Elizabeth J. Perry and Mark Selden, London: Routledge, 2003, pp.143-160. 石发勇：《关系网络与当代中国基层社会运动：以一个街区环保运动个案为例》，《学海》2005 年第 3 期。何艳玲：《后单位制时期街区集体抗争的产生及其逻辑——对一次街区集体抗争事件的实证分析》，《公共管理学报》2005 年第 3 期。黄家亮：《通过集团诉讼的环境维权：多重困境与行动逻辑——基于华南 P 县一起环境诉讼案件的分析》，《中国乡村研究》2008 年总第 6 辑。童志锋、黄家亮：《通过法律的环境治理："双重困境"与"双管齐下"》，《湖南社会科学》2008 年第 3 期。

NGO的抗争维权。如晋军、何江穗对云南水电开发争论中的民间环保组织的底层表达的研究①。孙燕飞、赵鼎新对反怒江建坝、滇金丝猴保护等三个环保事件的比较分析②。

从问题意识上,目前的研究主要集中在环境抗争的原因、困境与解决机制的探讨。我们分别进行梳理。

## 一、环境抗争的原因

行动者为什么进行环境抗争呢?学者们主要从如下方面进行分析:(1)利益损害导致了环境抗争;(2)现代权利意识的觉醒;(3)制度性不合理因素是引发环境抗争与冲突的深层次原因。

### 1.利益损害导致了环境抗争

大多数学者都把环境抗争理解为利益冲突的延续。杨继涛分析了一个因乡村资源开放农民利益受损而发生的村民与开发商的冲突,证明了因为“日常生活逻辑”与“制度性逻辑”的不一致,导致弱势的农民与开发公司的冲突。③

郎友兴以发生在浙江D市与新昌县两起农民暴力抗议环境污染事件为个案,探讨商议性民主与公众参与环境治理的关系。

---

① 晋军、何江穗:《碎片化中的底层表达——云南水电开发争论中的民间环保组织》,《学海》2008年第4期。

② Sun Y,Zhao D.Multifaceted State and Fragmented Society:Dynamics of Environmental Movement in China, Discontented Miracle: Growth, Conflict, and Institutional Adaptations in China,2014,pp.111-160.

③ 杨继涛:《知识、策略及权力关系再生产:对鲁西南某景区开发引起的社会冲突的分析》,《社会》2005年第5期。

他认为地方政府、企业与农民价值利益的冲突，以及公共决策制定与执行的缺失是引发此类环境不正义事件的原因。他指出，“目前中国多数的环境抗争事件还没有发展到处于社会正义之理念的地步，仍囿于自我权益维护之范围”①。

其中，值得注意的是，有学者强调生存权利与环境抗争的关系。如景军在对两个个案进行深度分析后指出：1979 年中国第一部环境法的颁布不仅为环境保护提供了一个合法的基础，也强化了公众的环境维权意识。这样的抗争又常常采取丰富的、有传统社会运动特点的文化形式。在草根层次的抗争动员过程中，亲属关系、宗教、道德意识、传统的公正观这些制度性象征性的资源常常被采用。他认为环境抗争与其说是为了追求更好的生活，不如说是为了保护自己生存环境。②

2. 现代权利意识的觉醒

顾金土在其博士论文《乡村工业污染的社会机制研究》中把环境维权作为治理工业污染的一个重要手段。通过对三个抗争案例的分析，他总结了村民的四类维权途径，包括上访、媒体公开、私力救济与司法诉讼，同时他还指出环境维权者已经产生了环境正义观。③

---

① 郎友兴：《商议性民主与公众参与环境治理：以浙江农民抗议环境污染事件为例》，“转型社会中的公共政策与治理”国际学术研讨会论文，广州，2005 年 11 月 19—20 日。

② Jing, Jun., "Environmental Protests in Rural China.", in *Chinese Society: Change, Conflict and Resistance* edited by Elizabeth J. Perry and Mark Selden. London: Routledge, 2003, pp.143-160.

③ 顾金土：《乡村工业污染的社会机制研究》，中国社会科学院博士论文，2006 年。

3. 制度性不合理因素是引发环境抗争与冲突的深层次原因

除环境污染严重等诱发性原因外，学者也开始对环境抗争的制度性原因进行探讨。其中，张玉林的研究具有一定的影响力。

张玉林以发生在浙江的三起环境群体性事件为个案，提出并具体论证了“政经一体化”的概念，认为它是农村环境恶化与冲突加剧的深层次原因。“政经一体化”是指在以经济增长为主要任期考核指标的压力型政治/行政制度下，GDP 和税收—财源的增长成为地方官员的优先选择，这就使得他们与追求利润的企业家结成利益共同体，从而导致污染向农村地区的低成本转移。而当污染发生并严重损害地方民众的生命财产安全后，他们会继续网开一面，结果受害者也就难以获得被补偿的权利，围绕环境问题的纠纷和冲突也就因此会逐渐升级①。

## 二、环境抗争的困境、动力和策略

由于受到集体行动与社会运动研究范式的影响，学者们对环境抗争的困境、动力与策略也表现出了较高的关注度。

1. 环境抗争的困境

为什么人们在遭受环境危害后，大多数不进行抗争呢？两类观点较为流行，一是资源缺乏论，二是多重困境论。

① 张玉林:《政经一体化开发机制与中国农村的环境冲突》,《探索与争鸣》2006 年第 5 期;张玉林:《中国农村环境恶化与冲突加剧的动力机制》,《洪范评论》2007 年总第 9 辑。

(1)资源缺乏论

冯仕政借助2003年全国综合性调查资料,分析了城镇居民普遍认为自己遭受环境危害但却只有少数人进行抗争的问题,认为个体的社会经济地位、社会关系网络规模、关系网络的疏通能力与环境抗争之间有较大关系,大多数人之所以在遭受环境危害后选择沉默,是由于其在差序格局下,缺乏抗争需要的资源。①

(2)体制性困境论

童志锋、黄家亮提出了环境维权的双重困境,即环境侵权的模糊性困境与环境司法的体制性困境。② 沿着这一思路,黄家亮进一步指出了维权行动面临的四个主要困境,即集体行动的"搭便车困境",农民维权的"合法性困境",司法诉讼的"体制性困境",法律逻辑下的"环境权困境"③。

(3)管制论

笔者在一篇文章中指出,地方政府主要采取了如下的策略对环境集体抗争进行管制。对参与集体抗争的组织者或积极分子进行直接或间接的惩罚与管控,以此减弱或减少其他群体参与集体抗争的意愿,也使得没有村民敢于公开组织集体抗争。一方面,地方政府可以随时运用相关的法律法规对集体抗争进行控制;另一方面,地方政府还可以通过科技话语与舆论话语反制集体抗争。地方

① 冯仕政:"沉默的大多数:差序格局与环境抗争",《中国人民大学学报》2007年第1期。

② 童志锋、黄家亮:《通过法律的环境治理:"双重困境"与"双管齐下"》,《湖南社会科学》2008年第3期。

③ 黄家亮:《通过集团诉讼的环境维权:多重困境与行动逻辑——基于华南P县一起环境诉讼案件的分析》,《中国乡村研究》2008年总第6辑。

政府之所以对农民集体抗争进行严格的管控，主要是由于在发展主义意识形态主导下，某些地方政府与企业形成了政商分利集团。而同时，地方政府又承担着社会稳定的责任。农民的集体抗争通常会被政府认定为“破坏了地方稳定的局面”而受到管制。①

张金俊通过对8个村庄的农民抗争个案研究，指出地方政府、污染企业对农民到污染企业“闹事”行为的暴力性惩罚，污染企业主、地方政府官员对农民进行的“摆事实”“讲道理”或“训斥”的劝服性规训以及农民之间相互的模仿性屈从导致了农民从环境抗争走向集体沉默。②

2. 抗争的动力

(1)资源动员视角

在环境群体抗争研究中，西方的资源动员理论范式对国内学者产生了较大的影响。当然，这些学者都在尝试构建既对西方理论范式有所借鉴，又符合中国实践的动力机制。

有学者以一个街区的环保运动个案为例，论述了关系网络是影响城市基层社会维权运动发生及其结果的重要因素。③ 笔者在一篇论文中也指出，西方动员结构理论中相对不受重视的事先存在的人际网络对于理解中国乡土社会农民的集体行动具有相当的

---

① 童志锋：《地方政府对农村环境集体抗争的政治管制及其逻辑》，《杭州市委党校学报》2016年第5期。

② 张金俊：《农民从环境抗争到集体沉默的“社会—心理”机制研究》，《南京工业大学学报（社会科学版）》2016年第3期。

③ 石发勇：《关系网络与当代中国基层社会运动：以一个街区环保运动个案为例》，《学海》2005年第3期。

借鉴意义。在乡土中国,依附在日常生活网络的动员网络,有利于沟通信息、强化认同,降低行动成本并克服“搭便车”的困境。而随着互联网和手机短信等新型传媒在农村的不断发展,信息传播的速度加快,行动更难以被管控。当这两种网络结合起来的时候,就组成了“熟人网络—新型传媒”动员结构,其动员将会更加快速、扩散性更强,这使得集体行动得以迅速地形成。①

(2)社会建构视角

社会建构论也是西方集体行动理论中的重要理论范式,国内有学者在对具体环境事件进行分析时,也有所借鉴。

何艳玲通过对发生在J市的一次“垃圾压缩站”事件分析,指出在后单位制时期街区的集体抗争之所以能够产生,主要由于抗争群体通过媒体声援将特定的地方性问题变成公共话语,运用说服性沟通策略使抗争行动合法化,建构共识性危机使潜在动员者变成实际参与者。② 笔者也试图从集体认同的三个面向,即边界、意识和仪式的角度对认同建构过程进行分析,以此揭示中国农民集体行动可能性的条件。在中国乡土社会中,这三者都有其各自的功能:社区(族群)的同质性是认同建构的结构基础;意识是一种解释图示,集体行动者必须把他们的不满进行归因,才会促成意识的形成;仪式在集体认同建构中起到了重要的作用。③

① 童志锋:《动员结构与农村集体行动的生成》,《理论月刊》2012年第5期。

② 何艳玲:《后单位制时期街区集体抗争的产生及其逻辑——对一次街区集体抗争事件的实证分析》,《公共管理学报》2005年第3期。

③ 童志锋:《认同建构与农民集体行动——以环境抗争为例》,《中共杭州市委党校学报》2011年第1期。

### 3. 抗争的策略

抗争的策略是抗争政治研究的重要问题，在国内也一度有日常抗争、依法抗争、以法抗争等范式的争论。在环境抗争的研究中，学者们并没有超越这些研究范式，大多是对环境抗争的策略进行归纳与梳理。如王芳基于上海一个中心城区的田野调查资料，通过对发生在城区中的环境纠纷与冲突案例的分析，试图揭示环境问题受害者在与企业法人行动者和政府法人行动者之间进行冲突与博弈过程所运用的行动策略和行动逻辑。如向政府诉苦、寻求代言人、向媒体求助、寻求法律援助和闹事。① 黄家亮在对农民集团诉讼的研究中，同样揭示了诸如此类的抗争策略。② 罗亚娟在农民的环境抗争案例中发现了既不同于"依法抗争"或"以身抗争"的"依情理抗争"。沈毅等通过对农村环境抗争案例研究发现在中老年群体中形成了一种以"哭闹""纠缠"为主，高频度、低烈度的抗争策略，即"韧武器抗争"。③

## 三、环境抗争的目的和影响

### 1. 环境抗争的目的

有学者指出，不能仅仅从维权的视角理解农民的环境抗争。农民环境抗争的目的是多元化的，除去维权外，还包括了谋利、正

---

① 王芳：《环境纠纷与冲突中的居民行动及其策略——以上海 A 城区为例》，《华东理工大学学报（社会科学版）》2005 年第 3 期。

② 黄家亮：《通过集团诉讼的环境维权：多重困境与行动逻辑——基于华南 P 县一起环境诉讼案件的分析》，《中国乡村研究》2008 年总第 6 辑。

③ 沈毅、刘俊雅：《"韧武器抗争"与"差序政府信任"的解构——以 H 村机场噪音环境抗争为个案》，《南京农业大学学报（社会科学版）》2017 年第 3 期。

名、泄愤和凑热闹等目标指向。这也被称为“混合型抗争”。①

2. 抗争的影响

社会运动的影响的研究主要关注公共政策的改变、社会运动与民主、抗争的跨国扩散以及社会运动与权力分配等问题。② 环境抗争会产生怎样的效应呢？目前，国内学者主要从如下几个方面开展研究。

（1）环境抗争的直接效应。有学者依照是否终止污染和是否得到补偿这两项关键行动目标的实现程度以及抗争行动是否结束，把农民抗争的结果区分为四种类型，即完全成功型、有限成功型、完全失败型和有限失败型。而行动目标是否稳定可行、组织分工是否协调合理、关键资源是否充分是导致农民环境抗争结果差异的主要原因。③

（2）环境抗争与政策变迁。比如，围绕广东番禺事件，郭巍青将该事件定义为一场“公民创议运动”，研究其如何进入并作用于政策过程。④ 龚志文同样认为该事件展现了公民与政府理性互动的非正式政策参与过程，指出应将公民纳入政策系统，以保证政策的合法性。⑤

---

① 陈涛、谢家彪：《混合型抗争——当前农民环境抗争的一个解释框架》，《社会学研究》2016 年第 3 期。

② Donatella della Porta and Mario Diani：《社会运动概论》，苗延威译，巨流出版社 2002 年版，第 267—298 页。

③ 施国庆、吴上：《农民环境抗争的结果类型及其形成机制》，《河海大学学报（社会科学版）》2016 年第 4 期。

④ 郭巍青、陈晓运：《风险社会的环境异议——以广州市民反对垃圾焚烧厂建设为例》，《公共行政评论》2011 年第 4 期。

⑤ 龚志文：《运动式政策参与：公民与政府的理性互动——基于广州番禺反焚运动的分析》，《吉首大学学报（社会科学版）》2015 年第 1 期。

(3)环境抗争对于环境治理的作用。如张劼颖从人类学视角描绘了生物公民的“私利”抗争向以“环保”和“公益”为目标的社会行动蜕变的全过程。① 有学者关注环境抗争到环境治理的转型路径,并在个案研究基础上将转型过程阐释为:环境抗争释放的能量提供“触发剂”与“转型基石”,并在若干“催化剂”作用下带来议题、身份、组织、行动四个维度的变革,最后由“稳定剂”的加固作用保障环境治理持续,实现成功转型。②

## 四、环境抗争的防范与解决机制

社会学学者偏向从宏观环境治理结构的视角分析冲突的防范与解决机制,环境法学学者偏重于从微观的环境法律层面分析纠纷的解决机制。但是,双方似乎缺乏必要的对话交流。

### 1. 环境治理结构视角

宏观环境治理结构视角的学者通常从国家、市场和社会三个层面出发考量环境抗争的预防与解决机制。如童志锋、黄家亮提出了二元治理结构,即完善政府治理和民间治理以预防环境冲突。③

### 2. 法律制度视角

在环境纠纷的解决机制方面,环境法学学者进行了较多的探讨。

---

① 张劼颖:《从“生物公民”到“环保公益”:一个基于案例的环保运动轨迹分析》,《开放时代》2016 年第 2 期。

② 谭爽:《从“环境抗争”到“环境治理”:转型路径与经验启示——对典型个案的扎根研究》,《东北大学学报》(社会科学版)2017 年第 5 期。

③ 童志锋、黄家亮:《通过法律的环境治理:“双重困境”与“双管齐下”》,《湖南社会科学》2008 年第 3 期。

如学者们一般研究行政、司法、仲裁等具体方式的作用与效果。① 在这一视角下,学者们还是普遍倾向于从实体法律和程序法的角度思考环境纠纷问题。其优势是讨论问题非常具体,具有操作性,但是也由于把环境纠纷仅仅作为一个法律问题,反而忽视了纠纷的结构性原因。

## 五、组织抗争的研究

20 世纪 90 年代初以来,不断有学者介入这个领域的研究。其中,环保 NGO 也受到了较多的关注②。但是,就环保 NGO 的抗争方面,鲜有学者关注。虽然,很少有环保 NGO 会与政府或企业进行对抗性斗争。但是,越来越多的环保 NGO 开始联合进行呼吁、递交请愿书等活动。

按照一些学者的区分,有两种类型的环保运动,一是自我指向型,二是他人指向型。在中国,即使民众要求或邀请,民间环保组织也很少参与底层民众抗争运动。为什么呢? 这主要是由于民间环保组织主动防止触及政府底线,采取自我保护机制,以获得生存空间。例如茹江在其博士论文中选择了 11 个在北京的全国性质的环境 NGO、11 个北京市域活动的环境 NGO 和 4 个国际环境 NGO 进行

① 蔡守秋:《行政处理环境污染民事纠纷中的"二论"》,《中国环境管理》1996 年第 3 期。王灿发:《我国环境立法的困境与出路——以松花江污染事件为视角》,《中州学刊》2007 年第 1 期。崔凤友、柏杨:《环境纠纷的行政处理机制探析》,《学术交流》2004 年第 6 期。

② 陶传进:《从环境问题的解决中看公民社会的应有结构——基于百村调查资料分析的一种推论》,《学海》2007 年第 1 期。

了分析,针对“政府是怎样控制环境 NGO 以及环境 NGO 如何在政府的控制下行动”进行了解释,指出虽然政府规定了严格的注册审批手续控制环境 NGO 的发展,但是由于环境 NGO 与地方部门利益的关联以及其主动采取的不触犯政府底线的行为,使得包括没有注册的环境 NGO 在内的一些组织也能够成功地生存与活动。①

但这并不意味着民间环保组织参与或发动底层抗争就一定会导致其无法生存。有学者指出,在云南水电开发争议中,由于民间环保组织实现跨组织合作、直接进入沿江社区进行组织和动员,成功地使得怒江和金沙江流域的沿江村民坚持公开地表达了自己的反对态度,进而提出移民在水电开发中应该享有知情权、参与权、环境权等权利。这就意味着,在确保一定合法性空间的前提下,民间环保组织可以突破“小世界”的局限,参与到涉及重大利益冲突的问题中来。②

除此之外,有学者对 NGO 的媒体策略与空间扩展进行了研究。该学者指出 NGO 可以通过严谨而富有弹性的媒体策略设计,根据政治结构与媒体格局的空间,建构出一个有制度意味的议题,并且在议题过程中获得媒体近用权,掌握媒体框架,最终改变了议题的走向,实现了 NGO 对企业与政府的监督③。

---

① Ru,J.,Environmental NGOs in China:The interplay of state controls, agency interests and NGO strategies. Doctoral dissertation, California:Stanford University,2004.

② 晋军、何江穗:《碎片化中的底层表达——云南水电开发争论中的民间环保组织》,《学海》2008 年第 4 期。

③ 曾繁旭:《NGO 媒体策略与空间拓展——以绿色和平建构“金光集团云南毁林”议题为个案》,《开放时代》2006 年第 6 期。

## 六、简短评论

1. 学科之间缺乏对话。这不单是环境保护研究领域的问题，恐怕整个环境社会科学研究都存在这一问题。有学者在对社会科学领域的环境问题进行了回顾与反思。他认为，环境经济学、环境法学、环境政治学与环境社会学四个学科之间缺乏交流、相互吸收和跨学科研究，研究缺乏具体针对性，“独特贡献的一般性甚至‘跟风’性论述多见，而立足于中国现实的以人/环境受害者为中心的经验研究稀缺”①。这一状况在十年之后有了一定的改进，环境抗争已经成为环境社会学研究领域一种重要的研究议题，环境政治学者对环境抗争研究成果逐渐增多。环境法学对于环境纠纷研究时间较长，但恰如汪劲在进行较为系统的考察后所指出的那样，“我所收集的大部分中文环境法学著述没有多少学术性强的内容可以真正被归纳、整理与综述”②。虽然环境社会学、环境法学、环境经济学等学者已经意识到了环境抗争、环境纠纷研究的重要性，但是学科壁垒仍然存在，不同学科学者之间仍然缺乏实质性学术对话与争论，这不利于环境抗争研究的学术积累。

2. 环境抗争的后果有待深入研究。环境抗争作为自力救济的一种方式，对于环境保护与基层政治稳定具有怎样的重要意义呢？陶传进指出，即使依靠社会公众的抗争，或者是将来依赖他们的制

① 张玉林：《社会科学领域的中国环境问题研究》，《浙江学刊》2008年第4期。

② 汪劲：《中国环境法学研究的现状与问题—— 1998—2003 年中国环境法学研究状况调查报告》，《法律科学》2005年第4期。

度化行动,仍然难以真正解决环境问题。主要是由于:(1)社会公众的组织行动能力低下、环保知识缺乏;(2)与知识相关联的环境价值的缺乏;(3)环境价值表达的缺乏。① 当然,更多的学者认为,在特定的情形下,抗争是环境保护的重要方式。如洪大用认为,中国公众参与正在经历从环境关心到环境行动的重大转型,借助公众的理性维权行动,可改进环境治理效果。② 这基本代表了对于环境抗争与环境保护的两种不同思路。对于这一问题,笔者认为,仍然需要深入研究,进一步澄清。此外,环境抗争与基层政治稳定之间的关系、环境抗争与协商民主之间的关系等现实性问题尚未得到应有的关注,这也是值得我们反思的。

3. 环境抗争的分析的基本框架尚未明确。对于国内的环境社会学研究而言,环境抗争是一个新的领域,基本的术语体系尚未得到建立,基本的分析框架也未有讨论。可能对于环境抗争这个概念,学者们都会存在争论。如不同的学者对于抗争的"对抗性"的理解未必一致。但是,我们不能因此而回避这些问题。笔者认为,应该把环境抗争纳入到环保政治这一更大的范畴中,建立环境抗争的基本分析框架。如在国内的学术界,既有关注 NGO 运动的学者,也有关注底层抗争行动的学者,原本可以放在宏观的抗争政治的研究范畴中进行统合的考量。但由于双方的相互漠视,使得两种行动过于泾渭分明,使得我们无法从整体上理解环境抗争的发展,也无法

---

① 陶传进:《从环境问题的解决中看公民社会的应有结构——基于百村调查资料分析的一种推论》,《学海》2007 年第 1 期。

② 洪大用:《试论改进中国环境治理的新方向》,《湖南社会科学》2008 年第 3 期。

理解这两种不同类型的环保行动中存在着怎样的区别与联系。

4. 很多问题有待进一步研究。如社会转型、社会结构与环境抗争的关系。这实际上是在考量环境抗争的宏观机制。再比如环境抗争的运作逻辑。这个领域可供研究的议题非常之多,如媒体在环境抗争中的作用。对于这一问题,很少有学者从媒体的建构的角度展开深入分析。对于行动者在维权中的策略,学者的关注也比较多,但是对于行动者是如何建构话语的,鲜有学者展开论述。另外,环境抗争的(社会)心理学分析,抗争的微观机制研究尚处于起步阶段。

## 第三节 研究方法和材料

研究方法并没有绝对的优劣之分,关键在于是否有利于研究问题的解决。恰如学者指出,"我们不必去用方法来寻求问题,而是用问题来寻求方法,关键还在于问题解决得如何。"①本书以定性研究为主,主要采用个案研究、文献研究等方法。

1. 个案研究法

案例研究已经越来越成为一种研究工具。罗伯特·殷在《案例研究:设计与方法》一书中指出,"案例研究法适合用于研究发生在当代但无法对相关因素进行控制的事件"。② 换言之,其研究的问题是"怎么样"和"为什么",研究对象是当前正在发生的事

① 翟学伟:《走出本土化的两难困境》,《东方》1994 年第 6 期。

② [美]罗伯特·K.殷:《案例研究:设计与方法》,周海涛等译,重庆大学出版社 2004 年版,第 10 页。

件,研究者对当前正在发生的事件不能控制或极少能控制。本研究要解释的问题是运动的生成发展逻辑,而且大多是发生在最近的运动事件,因此,案例研究是比较好的选择。

本研究涉及三个核心案例,即D市事件、杨集事件、P县事件。它们都是发生在县域范围内,都是农民反化工厂的集体行动。当然,案例之间也存在一些差异。P县事件主要以集团诉讼为核心,当然其间也多次出现农民与化工厂、地方政府相关部门的纠纷或冲突;D市事件主要涉及农民与化工厂、地方政府的长时间对抗与冲突;杨集事件是融合了联名上访、自力救济与环境集体诉讼的案例。那么,对于地域、目标、形式等不同的环境抗争,能否进行比较研究,这取决于研究的问题与目的。首先,选择这三个案例的研究初衷并不是对多个案例研究进行交叉分析,而是把它们看作是对同一问题——集体行动的困境与动力——在三个不同案例的重复性研究。之所以要进行重复性研究,是由于"从两个或更多案例中总结出来的结论会比一个案例中总结出来的结论更扎实、更具说服力"①。

其次,如果在存在差异的环保事件中都能找到基本相同的动力因素,这会增加案例研究的效度。"不同个案的背景环境可能有一定的程度的不同,假如在不同的环境中你仍然能够得出完全相同的结论,那么,你就在很大程度上扩大了研究结果的可推广性、适用性,而单案例研究设计则不具有这一优势。"②这样的设计

① [美]罗伯特·K.殷:《案例研究:设计与方法》,周海涛等译,重庆大学出版社2004年版,第59页。

② [美]罗伯特·K.殷:《案例研究:设计与方法》,周海涛等译,重庆大学出版社2004年版,第60页。

实际上是遵循了案例研究中的复制逻辑。同样,我们也深知,如果能够选择更多的案例并遵循相异逻辑的话,研究的结论会更具有科学性,但是由于资源与条件的限制以及集体抗争运动研究的特殊困境,使得更多案例研究选取确实存在着较大的难度。

2. 访谈法

访谈,就是研究性交谈,是以口头形式,根据被询问者的答复搜集客观的、不带偏见的事实材料,以准确地说明样本所要代表的总体的一种方式。尤其是在研究比较复杂的问题时需要向不同类型的人了解不同类型的材料。访谈法又称晤谈法,是指通过访员和受访人面对面的交谈来了解受访人的心理和行为的心理学基本研究方法。因研究问题的性质、目的或对象的不同,访谈法具有不同的形式。根据访谈进程的标准化程度,可将它分为结构型访谈和非结构型访谈。访谈法运用面广,能够简单而叙述地收集多方面的工作分析资料,因而深受人们的青睐。

在具体执行研究的过程中,笔者曾前后多次进入集体行动的发生地点进行调研。2007 年 1 月,率“公众参与与环境保护”研究小组对湖南岳阳砷污染事件及引发的环境抗争进行调研;2007 年 8 月,组建研究小组对福建 P 县的榕屏反化工厂事件进行调研;2007 年 9 月,率领研究小组去厦门市对 PX 反化工厂事件进行调研;2008 年 8 月,独自完成浙江 D 市事件调研。2010 年 8 月,笔者和研究小组完成了对江苏阜宁杨集镇事件的调研。2014 年 11 月,笔者走访了杭州市余杭中泰乡垃圾焚烧发电厂周边居民,对发生在 6 个月前的余杭中泰垃圾焚烧厂事件进行了初步调研。在调研中,首先会对化工厂周围的村民、抗争的领头人或积极分子、参与抗争的普通人群等进行访谈，然后走访地方政府相关部门，如环保局、派出所、司法部门等。希望能够在很多细节上相互印证说法，争取较为详细地把握整个事件的发展过程。当然，由于此类事件比较敏感，包括一些当事人还存在很多的顾虑，而地方政府工作人员更是小心谨慎，也会使得调研遇到了一定的困难。在P县法院调研时，接待的领导数次核查我们的学生证（在此类调研中，我们一般是以大学生社会实践的方式入场的，而且不会直接询问抗争事件，而是通过其他话语切入到对事件的了解），在确认我们是学生之后，才最终接受访谈。在厦门市调研中，我们通过朋友的关系联系到了一位执勤的警察，但到最后时刻又被客气地拒绝。湖南岳阳发生的环境抗争属于突发性的环保事件，持续时间较短，在本研究中并没有作为核心案例，但是这次经历为其他调研提供了借鉴。

3. 文献法

文献法也称历史文献法，就是搜集和分析研究各种现存的有关文献资料，从中选取信息，以达到某种调查研究目的的方法。它所要解决的是如何在浩如烟海的文献群中选取适用于课题的资料，并对这些资料做出恰当分析和使用。本方法根本目的就在于比较和借鉴，通过检索、收集、鉴别以及研究与运用这一系统化过程，最终实现对某一时代或社会教育现象的某些特点进行描述的评论，分析其形成的客观原因；对原有文献加以重新组合、升华、从而找出事物间的新联系、新规律、形成新观点、创造出新理论。在本书中，除学理文献的收集与整理外，还注意整理和运用如下特殊资料与资源。

案卷资料：从1999年到2008年，“中国政法大学污染受害者法律帮助中心”已经帮助或援助了上百起典型的环境侵权案件。大多数案件被整理成册。这些案卷中资料非常翔实，包括了环境侵权的证据、起诉书、判决书、村民的上访信件等，有的还附有图片和影音资料。笔者在中心工作人员的帮助下，认真查阅了这些珍贵的资料。尤其对涉及集体抗争的案件进行了详细的记录整理。

媒体报道：目前已有很多媒体在关注中国的环境污染，并进行了深度报道。这些报道为我们的研究提供了较大的便利，如其中对具体当事人的访谈及对事件背景的介绍为笔者进一步研究提供了线索。当然，在这些报道中，有些比较详细、客观、公正，也有的明显夸大了事实。在具体引用的时候，我们会根据自己的调研及事件的逻辑等对其进行甄别。

互联网资源：国家虽然放松了对传统媒体关于环境污染报道的管制，但是仍然严格限制其对群体性事件的报道。由于互联网相对更不容易被监管，很多事件首先在互联网上被网友曝光。互联网成为我们获取信息的重要来源。如互联网上流传的抗争事件的视频和图片有利于我们对事件的真实性、抗争人群的特点等进行评估。同时，本书还对一些网站、BBS、博客、QQ 群、微博、微信圈的信息进行了收集与整理，这些信息对分析研究问题是必不可少的。当然，互联网上的虚假信息也非常多，其言论也往往过于激进，在具体使用时，一般仅仅把其作为背景资料。

4. 过程—行为分析法

过程分析法是由斯沃兹、特纳和图登首先提出来，它反对对社会体系作静态的结构—功能分析，主张对社会活动的过程包括对社会变迁、政治组织和社会制度等作动态的历时性分析，认为只有在动态的过程中才能真正揭示和说明社会的群体关系和群体活动。本书对过程分析方法的引入,是从对农民集体行动和社会制度的结构功能分析,转向对行动过程和抗争行为的动态分析。行为分析法是过程分析法的进一步深化,它倾向于研究社会中的个人或小团体是如何操作文化特别是象征体系来获得权力、保持权力和作出决策的。最早运用行为分析法的是特纳,他在《一个非洲社会分裂和延续》(1957)一书中,通过对一个特定的个案的分析,揭示出政治竞技场中的个人是如何操作社会的规范和价值体系来竞争政治权力的。与过程分析法相比较,行为分析法更为深入、具体,所关注的政治活动范围更为狭小。在本书研究中,仪式在集体认同建构中起到了重要的作用。我们试图从集体认同的三个面向,即边界、意识和仪式的角度对认同建构过程进行分析,以此揭示农民环境问题集体行动可能性的条件。

# 第二章　国家建设、环境污染与集体抗争

1953年，中国开始了社会主义工业化建设，这是中国工业化建设的发端。1954年召开的第一届全国人民代表大会，第一次明确地提出要实现工业、农业、交通运输业和国防的四个现代化的任务，之后，中央和政府的历次重大会议上，工业化都被作为核心议题。党的十六大之后，我国又强调要走新型工业化的道路，要以信息化带动工业化，以工业化促进信息化。与任何发展中国家一样，中国的工业化进程也是国家主导的工业化模式。同样，中国的城市化也是国家主导的城市化。

工业化、城市化是中国国家建设的必然选择，而任何国家的工业化、城市化都会受到其自身发展规律的约束。作为后发展的中国，工业化、城市化建设的进程也必须逐步实现产业结构的转型、工业内部结构的转型与高速城市化的推进。那么，工业化、城市化建设与环境污染有着怎样的关系？环境污染的增长是否与环境抗争同步？这是本章要探讨的问题。

## 第一节 国家建设与环境污染

改革开放以来,为了人民基本生活水平的提高、国民经济的发展,工业化与城市化成为国家的必然选择,但同时工业化与城市化的过程中也产生了很大的环境代价。

其实,对于工业化、城市化与环境问题的关系,即便是持“产业革命进行过程中所产生的社会不安与产业革命本身无关”观点的《产业改革》的作者阿什顿也认为环境问题的存在是产业革命带来的负面效应。他指出,“大部分被认为是英国产业革命的缘故而造成的社会不安,实际上是因为工业没有得到充分发展以及新的经济体制没有形成而旧的体制仍起作用的结果。不得不承认,在这些旧城体制当中就存在有害于社会安定的因素。但同时也应该看到,产业革命之后,曼彻斯特和伯明翰的天空因烟雾变得乌黑,城市生活也变得阴沉沉。相比之下,奥尔德姆和威尔斯顿这样的小城镇呈现出一片荒凉的景象,我认为,城市最好应缓慢地发展。”①

### 一、工业化与环境污染

饭岛申子指出,“所谓的环境问题指的是,因为人类生活的原

① 转引自饭岛申子:《环境社会学》,包智明译,社会科学文献出版社1999年版,第37—38页。

因而发生的环境破坏、环境恶化，以及作为其后果，对人类生活产生不良影响的状态。随着它的扩散，在不知不觉中变得更加严重。也就是说，在某一个阶段上这一状态在广度和深度上会进一步加深。就这种状况的发生而言，工业是最主要的原因，但与工业革命以前的手工业不同，后来的以机械工业为基础而发展起来的真正的工业才导致了众多的环境问题"①。

1. 产业结构变化对环境质量的影响

由于工业生产对于导致环境污染的能源和资源的消耗强度和消耗量要远高于农业和服务业，这就意味着，在一个国家或地区中，工业在产业结构中所占比重越高，环境压力越大。

**表 2-1　我国产业结构占 GDP 比重(%)**

| 年份 | 第一产业 | 第二产业 | 第三产业 |
|---|---|---|---|
| 1978 | 27.9 | 47.9 | 24.2 |
| 1980 | 29.9 | 48.2 | 21.9 |
| 1985 | 28.2 | 42.9 | 28.9 |
| 1990 | 26.9 | 41.3 | 31.8 |
| 1995 | 19.8 | 47.2 | 33.0 |
| 2000 | 14.8 | 45.9 | 39.3 |
| 2005 | 12.6 | 47.5 | 39.9 |
| 2006 | 11.8 | 48.7 | 39.5 |
| 2007 | 11.7 | 49.2 | 39.1 |
| 2008 | 11.3 | 48.6 | 40.1 |
| 2009 | 10.6 | 46.8 | 42.6 |

① 饭岛申子:《环境社会学》，包智明译，社会科学文献出版社 1999 年版，第 75—76 页。

续表

| 年份 | 第一产业 | 第二产业 | 第三产业 |
|---|---|---|---|
| 2010 | 10.2 | 46.8 | 43.0 |
| 2011 | 10.1 | 46.8 | 43.1 |
| 2012 | 10.1 | 45.3 | 44.6 |
| 2013 | 10.0 | 43.9 | 46.1 |
| 2014 | 9.2 | 42.6 | 48.2 |
| 2015 | 9.0 | 40.5 | 50.5 |
| 2016 | 8.6 | 39.8 | 51.6 |

资料来源:历年《中华人民共和国国民经济与社会发展统计公报》,国家统计局官方网站。

改革开放以来,我国产业结构变动情况如表2-1所示。其中,第二产业在GDP中所占的比重呈现出先降后升的趋势。20世纪80年代,第二产业的比重有所下降,从1980年的48.2%降到1990年的41.3%,下降幅度较大。如果仅从产业结构的角度看,这一时期的环境压力有所降低。但是到90年代之后,第二产业比重明显有所回升,1995年达到了47.2%,2000年达到45.9%,在2007年,达到49.3%的峰值后,2009—2011年一直维持在46.8%,此后占比开始逐年下降。2013年,第三产业比重首次超过第二产业。从产业结构的角度,90年代以来的环境压力在不断增大,2007年达到峰值后,逐渐下降。根据《中国统计年鉴》,以废气中主要污染物二氧化硫排放量为例,2000年为1995.1万吨,2006年排放达到2588.8万吨的峰值。此后基本呈现出逐年下降的态势。2015年,废气中二氧化硫排放量减少到1859.12万吨。但是,由于环境污染具有累加效应,第二产业结构的下降只是减缓的环境压力,环境绩效改善不可能立竿见影,而是一种长期的过程。

浙江省而言，如表 2-2 所示，1978 年，浙江第二产业在国民生产总值中所占比重为 43. 3%。根据《2012 年浙江统计年鉴》相关数据计算，浙江 1981—1990 年第二产业比重平均值为 44. 93%，1985—1988 年连续四年第二产业比重超过 46%，又逐渐降至 1990 年的 45. 1%。

20 世纪 90 年代是中国经济高速增长的时期，浙江经济更是增长迅速。与此同时，浙江第二产业比重迅速上升，浙江第二产业比重由 1990 年的 45. 1%上升到 2000 年的 53. 3%，上升了 8. 2 个百分点，其中 1998 年达到峰值 54. 8%。2000 年以来，浙江第二产业比重出现较大波动，2002 年达到 51. 1%的较低点后，2006—2007 年维持在 54. 0%，之后开始逐年下降。但是，与全国数据比较，浙江第二产业占比仍然较大，2016 年仍然高于全国 6. 1 个百分点。

**表 2-2　浙江省国民生产总值产业结构(%)**

| 年　份 | 1978 | 1990 | 2000 | 2005 | 2006 | 2007 | 2008 | 2010 | 2012 | 2014 | 2016 |
|---|---|---|---|---|---|---|---|---|---|---|---|
| 第一产业 | 38. 1 | 24. 9 | 10. 3 | 6. 6 | 5. 9 | 5. 3 | 5. 1 | 4. 9 | 4. 8 | 4. 4 | 4. 2 |
| 第二产业 | 43. 3 | 45. 1 | 53. 3 | 53. 4 | 54. 0 | 54. 0 | 53. 9 | 51. 6 | 50. 0 | 47. 7 | 45. 9 |
| 第三产业 | 18. 7 | 30. 0 | 36. 4 | 39. 9 | 40. 0 | 40. 6 | 41. 0 | 43. 5 | 45. 2 | 47. 9 | 49. 8 |

资料来源：2010 年之前的数据来源于《2012 年浙江统计年鉴》；2012 年及之后的数据来源于历年《浙江省国民经济和社会发展统计公报》。

江苏省而言，如表 2-3 所示，1978 年第二产业比重为 52. 6%，根据《2011 年江苏统计年鉴》数据分析，1981—1990 年第二产业比重平均值为 50%，最高是 1987 年比重为 53. 5%，之后逐渐回落到 1990 年的 48. 9%，低于平均值。总体而言，20 世纪 80 年代江苏第二产业变化不明显，三次产业结构变化导致的环境污染并不显著。

90年代以来，江苏省第二产业比重迅速上升。江苏第二产业比重由1990年48.9%，上升到最高点1994年的53.9%，上升了5个百分点，此后略有下降，降至2000年的51.9%。此后，又是一路攀升，2005年高达56.5%。此数值达到1952年，江苏省有产业结构统计的最高点。之后，第二产业比重逐步下降，2010年达到52.5%，2016年下降到44.5%。2015年，第三产业比重首次超过第二产业比重，达到48.6%。

从江苏省环境治理总体状况的三个指标分析，如表2-4所示，20世纪90年代以来，工业废水排放量从1990年的24.24亿吨增长到2010年的26.38亿吨；工业粉尘去除量也从1990年年底的81万吨增长到344.54万吨，同期，污染治理项目本年度完成投资从2.48亿元增长到18.60亿元，再到2015年的62.17亿元。这些数据一方面，说明了江苏省的环境压力一直在提升；另一方面，也印证了工业在国民生产总值中的比重的增长与环境压力有一定的相关性。

**表2-3　江苏省国民生产总值产业结构**

| 年　份 | 1978 | 1990 | 1995 | 2000 | 2005 | 2006 | 2007 | 2010 | 2013 | 2016 |
|---|---|---|---|---|---|---|---|---|---|---|
| 第一产业 | 27.6 | 25.1 | 16.8 | 12.2 | 7.9 | 7.1 | 7.0 | 6.1 | 6.1 | 5.4 |
| 第二产业 | 52.6 | 48.9 | 52.7 | 51.9 | 56.6 | 56.6 | 55.6 | 52.5 | 49.2 | 44.5 |
| 第三产业 | 19.8 | 26.0 | 30.5 | 35.9 | 35.6 | 51.0 | 37.4 | 46.5 | 44.7 | 50.1 |

资料来源：《2009年江苏统计年鉴》《2010年江苏统计年鉴》；2011年及之后的数据来源于历年《江苏省国民经济和社会发展统计公报》。

表 2-4　江苏省环境治理总体状况

| 年　份 | 1990 | 1995 | 2000 | 2005 | 2009 | 2010 | 2015 |
| --- | --- | --- | --- | --- | --- | --- | --- |
| 污染治理项目本年完成投资(亿元) | 2.48 | 5.42 | 13.11 | 38.95 | 27.05 | 18.60 | 62.17 |
| 工业废水排放量(亿吨) | 24.24 | 22.02 | 20.19 | 29.63 | 26.74 | 26.38 | — |
| 工业粉尘去除量(万吨) | 81 | 112 | 210 | 388.73 | 323.08 | 344.54 | — |

数据来源:相关年度《中国统计年鉴》,在《2016 中国统计年鉴》中没有统计工业废水排放量和工业粉尘去除量。

福建省而言,如表 2-5 所示,1978 年国民生产总值中第二产业比重为 42.5%,根据《2012 年福建省统计年鉴》,20 世纪 80 年代福建省第二产业比重下降较快,从 1980 年的 41.0%下降到 1990 年的 33.4%,下降了 7.6 个百分点,同期,第三产业从 22.3%上升到 38.4%。

90 年代以来,福建省第二产业比重急剧上升,从 1990 年的 33.4%上升到 2000 年的 43.3%,近 10 个百分点。此后,又一路飙升,2014 年第二产业比重高达 52.0%,此后开始出现逐年下降趋势。目前,福建省第二产业占比仍然高达 48.8%,远远超过第三产业 42.9%的比重。福建省的环境压力比较严峻。

表 2-5　福建省国民生产总值产业结构

| 年　份 | 1978 | 1990 | 1995 | 2000 | 2005 | 2010 | 2011 | 2012 | 2013 | 2014 | 2015 | 2016 |
| --- | --- | --- | --- | --- | --- | --- | --- | --- | --- | --- | --- | --- |
| 第一产业 | 36.0 | 28.1 | 22.2 | 17.0 | 12.6 | 9.3 | 9.2 | 9.0 | 8.6 | 8.4 | 8.1 | 8.3 |
| 第二产业 | 42.5 | 33.4 | 42.1 | 43.3 | 48.5 | 51.0 | 51.6 | 51.7 | 51.8 | 52.0 | 50.9 | 48.8 |
| 第三产业 | 21.5 | 38.4 | 35.7 | 39.7 | 38.9 | 39.7 | 39.2 | 39.3 | 39.6 | 39.6 | 41.0 | 42.9 |

数据来源:《2010 年福建统计年鉴》;2011 年之后数据来源于历年《福建省国民经济和社会发展统计公报》。

有学者基于福建省1986—2012年产业结构与环境污染的相关指标与数据，构建VAR模型，对产业结构调整与环境污染关系进行实证研究，结果表明：其一，产业结构调整与环境污染之间有着相互的作用，“产业结构调整是影响福建省污染排放的重要原因，其缘由在于福建省当前产业结构依然处在偏低级阶段的工业化阶段，产业结构的调整升级主要是以增加工业占比为主，而伴随着生产活动的增加，其导致大量污染物的排放，环境污染日渐加剧。”①

总体而言，20世纪80年代，江浙第二产业比重较稳定，第一产业比重有所下降，第三产业比重有所上升。福建第二产业比重下降较大，第三产业比重有较快增长。

1990年以来，浙江、江苏、福建三省第二产业出现了明显的上升，与此同时，第二产业比重上升导致的结构效应对环境产生较大的压力，导致污染物排放增加，环境恶化。浙江省、江苏省和福建省分别在2006年、2007年、2014年出现拐点，第二产业增加值占比开始下降。

2. 工业内部结构变化与环境污染

从工业内部结构变动的角度，国家或地区的工业化进程大体可以分为四个阶段，即轻工业阶段、重化工业阶段、加工组装工业阶段和技术密集型阶段。不同的工业化进程阶段会呈现出不同的环境特征。那些处于工业化早期阶段的国家或地区，一般要承载更大的环境压力。尤其是当一个国家或地区发展到重化工业阶段

① 占李玲、陈洪昭：《产业结构调整与环境污染关系的实证分析——以福建省为例》，《福建师大福清分校学报》2014年第5期。

时，环境污染可能会集中爆发。如表 2-6 所示：

**表 2-6　各工业化阶段的代表性产业与环境特征**

| 工业化阶段 | 代表性产业 | 环境特征 | 政府及公众态度 |
|---|---|---|---|
| 轻工业阶段 | 纺织、服装、食品 | 环境问题开始显著 | 不重视 |
| 重化工业阶段 | 非金属矿物制品业、黑色金属冶炼及制造业及石油化工、电力 | 环境问题爆发阶段，大气、水、重金属等污染严重 | 逐步重视环境问题，并开始采取措施解决日益严重的环境问题 |
| 加工、组装工业密集型阶段 | 普通机械、运输机械 | 环境问题开始得到缓解，环境质量开始改善 | 重视 |
| 技术密集型阶段 | 电子通信设备制造、生物制药 | 环境污染得到有效控制，环境质量显著改善 | 重视 |

资料来源：李达：《经济增长与环境质量——基于长三角的实证研究》，复旦大学博士学位论文，2007 年，第 28 页。

中国目前正处于一个工业化的初期阶段。从图 2-1 分析，20 世纪 80 年代，重工业基本上处于下降的趋势，而轻工业有所上升。90 年代，重工业在接近工业结构 60%的水平下徘徊，但从 1999 年开始，重工业呈现快速增长势头，由不到 60%，增长到 2002 年的 62. 6%，2005 年的 69. 0%。2008 年，重工业比重达到 71. 1%。国家统计局报告指出，“随着工业化进程的加快，特别是工业内部结构向更高层次的演进，以机械电子工业、石油化学工业、汽车制造业、航空航天工业及建筑业为主体的重化工业的加快发展，提升了我国的产业结构高度，消费品加工主导型结构开始逐步向重化工业主导型结构转变”。① 而当一个国家或地区进入重化工主导型

① 《新中国 60 周年系列报告之三：经济结构不断优化升级　重大比例日趋协调》，中华人民共和国驻日本国大使馆，2009 年 9 月 9 日，http://www.fmprc.gov.cn/ce/cejp/chn/xnyfgk/t584410.htm。

结构时,其环境特征典型表现形式是:环境问题爆发,大气、水、重金属等污染严重。比如,全国人大常委会委员陈佳贵指出,"1999—2011 年这 13 年,轻工业产值比重由 41.9%下降到 30%以下,重工业则由 58.1%上升到 70%以上。重工业占比比改革开放前还要高,对我国能源和环境保护造成了重大压力"①。

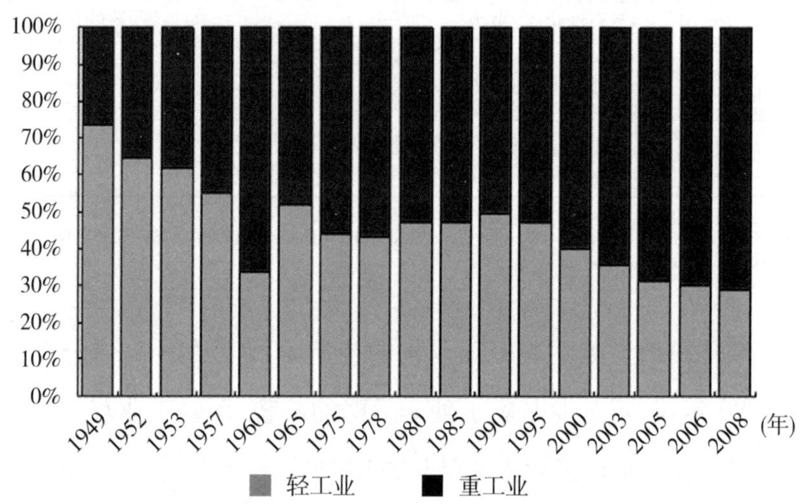


**图 2-1　1949—2008 年我国轻重工业比例**

资料来源:《经济结构不断优化升级　重大比例日趋协调》,国家统计局,2009 年,http://www.stats.gov.cn/tjfx/ztfx/qzxzgcl60zn/t20090909_402585583.htm。

以浙江省为例,在工业内部结构上,20 世纪 80 年代以来,轻工业增长速度明显快于重工业。按可比价格,浙江 1978—1990 年轻工业增长了 9.58 倍,年均增长 20.72%,同期,重工业增长 7.18 倍和年均增长 17.85%。轻工业增长速度快于重工业,在工业总产值中所占份额上升,由于总体上轻工业的污染强度小于重工业,

① 《工业现状重工业偏重　轻重工业需协调发展》,搜狐网,2012 年 10 月 26 日,http://roll.sohu.com/20121026/n355762998.shtml。

80 年代的轻重工业的比例变化有利于环境。

90 年代,在工业结构内部,浙江轻工业和重工业均高速增长,但重工业的增长速度略高于轻工业的增长速度。浙江轻工业和重工业 1990—1998 年的年均增长速度分别为 28.6%、29.8%。与 80 年代相比,重工业的增长速度快于轻工业的增长速度,对于当地的环境造成了更大的压力。①

2003 年,浙江省规模以上工业企业中,重工业增加值首次超过轻工业增加值,随后几年比重差距逐渐拉大。2009 年,浙江省规模以上工业企业中,轻、重工业增加值比 2005 年分别增长 52.2%和 69.8%,年均分别增长 11.1%和 14.2%,重工业增加值年均增速比轻工业高出 3.1 个百分点。轻重工业增加值的比例由 2005 年的 46.7∶53.3 转变为 2009 年的 44.2∶55.8。有学者按照不同工业化阶段的人均收入水平数据测算并指出,浙江在 2003 年进入工业化的第二个时期,即重化工业阶段②。一项根据工业化原始数据测算浙江省工业化水平综合指数的研究也表明:1995 年、2000 年、2004 年和 2008 年,浙江省的工业化水平综合指数分别为 25.7、38.0、52.6 和 68.9,分别处于工业化初期后半阶段、工业化中期前半阶段、工业化中期后半阶段和工业化后期前半阶段。③

① 根据《浙江统计年鉴》(1979—1999)计算获得。

② 李达:《经济增长与环境质量——基于长三角的实证研究》,复旦大学博士学位论文,2007 年,第 34 页。

③ 《浙江工业发展水平研究》,浙江省人民政府官网,2011 年 2 月 15 日,http://www.zj.gov.cn/art/2011/2/15/art_5499_222589.html。

以江苏省为例,1978—1990 年轻工业增长了 5. 92 倍,年均增长 16%,同期,重工业增长了 5. 65 倍和年均增长 15. 5%。轻工业增长速度略微快于重工业,由于总体上轻工业的污染强度小于重工业,80 年代的轻重工业的比例变化有利于环境改善。90 年代以来,江苏以重化工业为主的工业化发展迅速。1990—1997 年,江苏省轻工业和重工业的年均增长速度分别为 26. 24%、27%。① 由于重工业的增长速度快于轻工业的增长速度,加大了当地的环境压力。

21 世纪以来,江苏规模以上工业增加值中,重工业比重从 2000 年的 56. 8%增长到 2009 年的 71. 1%。霍夫曼系数是衡量工业化水平的重要指标,2009 年江苏霍夫曼系数 0. 41,较 2000 年下降 0. 35,表明近年来江苏工业化水平不断提高,重化工业趋势日益增强。② 学者测算指出,江苏省在 2005 进入工业化的第二个时期,即重化工业阶段③。江苏重化工业发展加速,给资源与环境带来较大压力。

福建省的情况与江浙类似,20 世纪 90 年代以来,重工业比重也在不断上升。但是,与江浙地区相比,福建省重工业相比发展较慢。一个基于福建省 1986—2012 年产业结构与环境污染的相关指标与数据研究也表明,"产业结构调整将导致环境污染

① 根据《江苏统计年鉴》(1979—1998)相关数据计算获得。

② 《江苏转变经济发展方式的思考》,江苏省统计局网站,2011 年 2 月 24 日,http://www.jssb.gov.cn/jstj/fxxx/tjfx/201102/t20110224_114907.htm。

③ 李达:《经济增长与环境质量——基于长三角的实证研究》,复旦大学博士学位论文,2007 年,第 34 页。

的加剧，尤其是第二产业内部的重工业结构对于环境污染有相当大的贡献”。①

综合而言，浙江、江苏、福建三省都已经在不同时段迈入重工业阶段，也就无法回避该阶段的矛盾，即大气、水、重金属等污染会非常严重，环境问题也会集中爆发。

3. 国际产业结构格局与中国的环境污染

20 世纪 70 年代，为适应科技革命发展的需要，发达资本主义国家调整产业结构，把一部分耗能大、污染严重的工业转移到发展中国家。这种工业转移的产生，是由于发达国家居民环保意识的提高，迫使政府做出的决定。重化、电镀、印染工业企业造成的污染引起所在国居民的强烈不满，这些国家不得不制定更为严格的环境保护条例。垄断企业从成本和利润考虑，为了逃避治理，转而向发展中国家投资。它们在产业转移的同时，也转嫁了环境污染，给发展中国家居民带来了灾难。

作为一个发展中国家，中国同样是这种不公平的世界经济格局中的受害者，自改革开放以来，发达国家与地区的能耗大、污染严重的工业也纷纷转移到中国。如浙江大学法学院副教授钱水苗撰文介绍，日本污染产业在外国投资中有 2/3 在东南亚和拉丁美洲；美国仅 20 世纪 80 年代初在发展中国家的投资就有 35%危害生态。20 世纪 80 年代初，美、日等国以及中国港澳地区的化工、电镀、冶金、制革、漂染等污染严重行业，相继落户中国大陆珠三角

① 占李玲、陈洪昭：《产业结构调整与环境污染关系的实证分析——以福建省为例》，《福建师大福清分校学报》2014 年第 5 期。

和长三角地区。①

有关资料也表明,1991 年,外商在中国大陆投资设立的生产企业共 11515 家,其中,属污染密集型产业的企业高达 3353 家,占生产企业总数的 29%。② 根据 1995 年第三次工业普查资料,外商投资于污染密集型产业的企业有 16998 家,占三资企业总数的 30%以上。其中,投资于严重污染密集型产业的企业个数占三资企业总数的 13%左右。③

有学者从四个方面归纳了国际产业转移对我国环境造成污染的具体表现:一是通过把大量高能耗、高污染的初级产品转移到我国生产;二是通过把大量淘汰的工艺设备或生产线转移到我国继续生产;三是通过技术许可和贴牌生产的方式大量生产资源消耗型产品出口;四是引进或转移国外大量的垃圾废物到我国进行再加工。④

有学者也分析了国际产业转移到我国的原因:一是 20 世纪五六十年代以来,发达国家纷纷提高环境标准,制定了大量控制污染的法律法规,而发展中国家环境标准较低,导致了一些污染密集型产业从发达国家向包括中国在内的发展中国家转移;二是发达国家为了降低劳动力成本;三是"二战"后,发达国家先后两次调

① 王刚:《一个贫困县的选择》,《中国新闻周刊》2006 年第 4 期。

② 张兴杰主编:《跨纪的忧患:影响中国稳定发展的主要社会问题》,兰州大学出版社 1998 年版,第 85—86 页。

③ 夏友富:《外商投资中国污染密集产业现状、后果及其对策研究》,《管理世界》1999 年第 3 期。

④ 陶权、肖生鹏:《中国承接国际产业转移所引发的环境污染及改善途径》,《对外经贸实务》2015 年第 6 期。

整产业结构，逐渐形成了以第三产业为主的产业结构，污染密集型产业开始向外转移。而中国等发展中国家仍然处于第二产业蓬勃发展的阶段，对于发达国家产业转移"来者不拒"。①

据《江苏统计年鉴》统计，2005 年江苏省外商直接投资项目 7126 个，合同外资 4643882 万美元，实际投资 1318339 万美元。占全国相应指标的 16.2%、24.56%和 21.85%。在 2004 年、2005 年投资于严重污染密集行业的项目分别为 2760 个、2844 个，占总投资项目数的 38.7%和 39.6%。②

## 二、城市化与环境污染

有学者指出，城市化通过三种途径影响环境质量：一是直接影响，如导致大气、水体质量下降以及固体废弃物、噪音及有毒物质的产生；二是通过推动工业化间接影响环境质量；三是通过影响人口结构的变化而导致更多污染物的产生，如城市居民的人均能耗水平远高于农村居民。③ 其中，城市化是如何影响工业化并导致环境的污染是本研究关注的重点。

### 1. 人口城市化与环境污染

有学者指出，"人口涌入城市之后城市所发生的变化，几乎都是人口集中的结果。在城市发生了一系列的不卫生、犯罪和不良

① 许林：《国际产业转移对中国经济及环境保护的影响与对策》，《生态经济》2014 年第 3 期。

② 汪洁：《外商直接投资与污染产业转移问题浅析——以江苏省为例》，《商场现代化》2007 年 12 月（上旬刊）。

③ 李达：《经济增长与环境质量——基于长三角的实证研究》，复旦大学博士学位论文，2007 年，第 57—62 页。

行为等城市问题以及大气污染、河流污染和噪音等环境问题。”①

在城市化过程中，人口的急剧增长，必然导致对资源的过度使用，这又加快了水土流失、大气污染、固体废弃物污染等环境问题。比如学者指出，“发展中国家由于正处于城市化过程之中，暂时还难以完全承担兴建污染处理设施所造成的成本，因此，城市化对生态环境产生了很大压力，出现了水质恶化、大气污染越来越严重的现象”②。

以固体废弃物垃圾为例，“2005 年《各地区城市市容环境卫生情况》显示，当年全国生活垃圾无害处理率仅为 51.7%。建设部 2006 年调查表明，全国 600 多座城市，有 1/3 以上被垃圾包围。全国城市垃圾堆存累计侵占土地 5 亿平方米，相当于 75 万亩”③。2015 年年末，全国城市共有生活垃圾无害化处理场（厂）890 座，日处理能力 57.7 万吨，处理量 1.80 亿吨，城市生活无害化处理率 94.10%。全国县城共有生活垃圾无害化处理场（厂）1187 座，日处理能力 18.1 万吨，处理量 0.53 亿吨，县城生活垃圾无害化处理率 79.04%。④ 而“在北京最大的垃圾处理场——高安屯，无论是填埋带来的恶臭，还是随焚烧滋生的二噁英，正威胁着附近居民

① 饭岛申子：《环境社会学》，包智明译，社会科学文献出版社 1999 年版，第 40 页。

② 李姝：《城市化、产业结构调整与环境污染》，《财经问题研究》2011 年第 6 期。

③ 《全国每年产亿吨垃圾，三分之一城市被包围》，新浪网，2009 年 4 月 21 日，http://news.sina.com.cn/s/sd/2009-04-21/094317654423.shtml。

④ 《住建部：全国城市生活垃圾无害化处理率为 94.10%》，环卫科技网，2016 年 7 月 14 日，http://www.cn-hw.net/html/china/201607/54307.html。

的生活。不想戴着防毒面具，有人无奈选择了离开，有人积极站出来进行环保战，上街散步，制作宣传画，他们的生活因垃圾而改变”①。

再比如，由于快速城市化导致了水资源短缺。有研究显示，由于人口增长、气候变化和环境恶化，中国 17 个城市面临前所未有的严重水污染压力，其中深圳、西安、成都、青岛、天津和长春尤为严重。② 以北京为例，“人均水资源量已从多年前的不足 300 立方米，降至近几年的 100 立方米左右，大大低于国际公认的人均 1000 立方米的缺水警戒线，成为中国最为缺水的大城市之一”。③

据《2014 中国环境状况公报》，2014 年全国 202 个地级及以上城市的地下水水质监测情况中，水质为优良级的监测点比例仅为 10.8%，较差级的观测点占比达到 45.4%。据《2016 年中国环境状况公报》，2016 年，国土资源部门对全国 31 个省（区、市）225 个地市级行政区的 6124 个监测点（其中国家级监测点 1000 个）开展了地下水水质监测。评价结果显示：水质为优良级、良好级、较好级、较差级和极差级的监测点分别占 10.1%、25.4%、4.4%、45.4%和 14.7%。主要超标指标为锰、铁、总硬度、溶解性总固体、“三氮”（亚硝酸盐氮、硝酸盐氮和氨氮）、硫酸盐、氟化物等，个别

① 《全国每年产亿吨垃圾，三分之一城市被包围》，新浪网，2009 年 4 月 21 日，http://news.sina.com.cn/s/sd/2009-04-21/094317654423.shtml。

② 《我国 17 个城市面临严重水污染》，人民网，2014 年 11 月 20 日，http://scitech.people.com.cn/n/2014/1120/c1057-26057150.html。

③ 《北京成为中国最缺水城市之一，水资源再度告急》，人民网，2011 年 5 月 16 日，http://env.people.com.cn/GB/14642157.html。

监测点存在砷、铅、汞、六价铬、镉等重(类)金属超标现象。目前，我国工业、城市污水总的排放量中经过集中处理的占比不到一半，其余的大都直接排入江河，对于污水的排放约束力不大，导致了大量的水资源出现恶化现象。①

2. 城市的工业化与环境污染

一般而言，工业化加速阶段与城市化的加速阶段密切相关，二者相互促进、互为因果，工业化促进了城市化的发展，城市化的发展为工业部门的扩张提供了巨大的市场需求空间。城市化的加速推进必然伴随着城市道路、交通、建筑物等各种基础设施的大量兴建，反之，又促进了钢铁、水泥、建材、能源等工业产品的大量需求，可以说，城市化加速的进程在相当大的程度上决定了工业化及产业结构转换的进程，城市化加速阶段的持续时间很大程度上影响甚至决定了工业化加速阶段的持续时间，而工业化加速阶段正是工业部门对环境施加巨大压力的阶段，因此城市化通过工业化间接对环境施加影响。

按照城市化进程的规律，在城市化初级阶段，农业在国民经济中占较大比重，农业劳动力在总劳动力中占较大比重，农业生产率比较低，社会的资金积累有限，加工工业的发展受到很大限制，工业化也处在初级阶段，推动城市发展的动力不足，由城市化导致的环境污染问题开始逐渐呈现。当城市人口超过 30%，进入城市化

① 《2014 中国环境状况公报》，中华人民共和国环保部网站，2015 年 6 月 4 日，http://www.zhb.gov.cn/gkml/hbb/qt/201506/t20150604_302942.htm。《2016 年中国环境状况公报》，中华人民共和国环保部网站，2017 年 6 月 5 日，http://www.zhb.gov.cn/gkml/hbb/qt/201706/t20170605_415442.htm。

中期阶段，城市化显现出加速状态，大量农业剩余劳动力离开土地，工业化进入起飞阶段，初期工业化往往发展劳动密集型的生活消费品生产，环境污染问题日益突出。当城市化率达到70%左右时，进入了城市化的后期阶段，此时工业已由劳动密集型过渡到资本密集型和技术密集型，资本有机构成提高，工业中的一部分劳动力逐渐向第三产业转移。同时，农业剩余劳动力转移也大致完成，城市化进入缓慢发展和注重提高城市质量的时期。

从表2-7可以看出，1998年，中国城镇化率超过了30%，中国的城市化进入了中期发展阶段。按照胡鞍钢的预测，以2002年城镇化率39.1%为基准，如果每年保持0.74%—0.93%的速度增长，中国城镇化率在2030年达到60%—65%，这意味着即使到2030年，中国的城市化加速阶段仍然没有结束，城市化通过工业化对环境的压力也不会结束。①

从浙江、江苏、福建三省的情况分析，浙江城镇化率最高，相对而言福建城镇化率较低。浙江在20世纪80年代末，城镇化率就已经超过了30%，意味着浙江的环境压力将持续增加。笔者从2005年开始关注环境问题，2005年连续发生在浙江的多起较大的环境冲突事件也充分表明，作为城市化加速发展的浙江，也同时处于环境问题频发，环境冲突增多的先发地带。江苏和福建这些年的环境问题日益尖锐，这也与城市化特定进程相关。

---

① 胡鞍钢：《城市化是今后中国经济发展的主要推动力》，《中国人口科学》2003年第6期。

**表 2-7　1978—2016 年全国及浙、苏、闽三省城镇化率**

| 年份 | 全国 | 浙江 | 江苏 | 福建 |
|---|---|---|---|---|
| 1978 | 17.9 | 14.5 | 13.7 | — |
| 1980 | 19.4 | — | — | — |
| 1985 | 23.7 | — | — | — |
| 1990 | 26.4 | 31.2 | — | — |
| 1995 | 29.0 | 32.6 | 27.3 | — |
| 1996 | 29.4 | — |  | — |
| 1997 | 29.9 | — | 29.9 | — |
| 1998 | 30.4 | — | — | — |
| 1999 | 30.9 | — | — | — |
| 2000 | 36.2 | 48.7 | 41.5 | 42.0 |
| 2001 | 37.7 | 42.0 | 42.6 | — |
| 2002 | 39.1 | — | 44.7 | — |
| 2003 | 40.5 | 53.0 | 46.8 | 45.1 |
| 2004 | 41.8 | 54.0 | 48.2 | — |
| 2005 | 43.0 | 56.0 | 50.5 | 47.3 |
| 2006 | 43.9 | 56.5 | 51.9 | — |
| 2007 | 44.9 | 57.2 | 53.2 | 48.7 |
| 2008 | 45.7 | 57.6 | 54.3 | 49.7 |
| 2009 | 46.6 | 57.9 | 55.6 | 51.4 |
| 2010 | 49.9 | 61.6 | 60.6 | 57.1 |
| 2011 | 51.3 | 62.3 | 61.9 | 58.1 |
| 2012 | 52.6 | 63.2 | 63.0 | 59.6 |
| 2013 | 53.7 | 64.0 | 64.1 | 60.8 |
| 2014 | 54.8 | 64.9 | 65.2 | 61.8 |
| 2015 | 56.1 | 65.8 | 66.5 | 62.6 |
| 2016 | 57.4 | 67.0 | 67.7 | 63.6 |

资料来源:《中国统计年鉴》《浙江统计年鉴》《江苏统计年鉴》《福建统计年鉴》相关年份。个别年份缺失。

## 三、区域分化与环境污染

由于工业化与城市化的持续压力，在未来的若干年内，中国的环境污染问题仍然会相当严峻。并且，由于中国是一个城乡、区域等经济发展差异巨大的国家，其环境问题也会呈现不同的形态，如环境污染已经出现了从东部向中西部、从城市向农村、从发达农村向不发达农村的转移。如果不加以控制，农村的环境污染压力会进一步加大。恰如学者指出，“虽然中国政府一再强调转变经济发展方式，提高经济增长质量，但是中国经济增长依然保持着粗放式增长的势头。在一定意义上，存在双重过程：一是东部发达地区更加追求经济发展质量和环境保护而主动降低发展速度，调整产业结构；二是中西部地区更看重速度和规模扩张，大量承接东部地区的产业转移。”①

### 1. 环境污染从东部向中西部的转移

随着东部经济的逐渐发展，产业也在逐步地升级换代，与此同时，环境问题越来越受到民众的重视，民众也越来越无法忍受身边的环境污染，这就可能迫使当地政府提高环境标准，就会出现东部高耗能高污染的工业项目逐渐向中西部转移的趋势。而另一方面，“在西部生态敏感地区，地方政府也开始注重招商引资，现在一些高污染高耗能的企业进入西部地区”②。

---

① 洪大用：《经济增长、环境保护与生态现代化——以环境社会学为视角》，《中国社会科学》2012 年第 9 期。

② 王晓毅：《农村环境问题与农村发展》，社会学视野网，2008 年 5 月 27 日，http://www.sociologyol.org/yanjiubankuai/tuijianyuedu/tuijianyueduliebiao/2008-05-27/5445.html。

根据学者统计,1986年,中国东部和西部工业产值分别占全国的59%和41%;到1995年,分别占64%和36%。10年间,工业产值向东部“迁移”了5个百分点。与此同时,标志污染程度的两个主要指标——化学需氧量排放和二氧化硫排放,却都向西“迁移”。1986年,东部和西部的化学需氧量排放各占一半,二氧化硫排放的相应值为48%和52%。到了1995年,东部、西部的化学需氧量排放分别演变为43%、57%,二氧化硫变为45%和55%。10年间,化学需氧量排放向西“迁移”了7个百分点,二氧化硫排放向西“迁移”了3个百分点。①

再比如,2000年西部某地区从东部引进的43个项目中,有39个是在东部地区因排污大而被淘汰的小造纸、小化肥生产项目。②近年来,“江浙闽粤等沿海地区提出‘腾笼换鸟’,进行产业升级,大量工业企业转移到中西部地区,给这些地区发展带来了机遇。为防止污染转移,江西省委、省政府多次强调环保问题,明确禁止引进一些重污染行业,原有污染企业也逐步从主要工业园区淘汰出去。但这些污染企业却转而‘潜入’农村,对农村生态人居环境造成严重危害”。如在江西省吉安市,2005年全市共有41家造纸企业,其中约有3/5来自浙江和福建。③

2014年,腾格里沙漠污染受到了新闻媒体的广泛关注与报道。同

① 李扬:《污染迁移的中国路径》,《中国新闻周刊》2006年第4期。

② 杨昌举等:《关注西部:产业转移与污染转移》,《环境保护》2006年第3期。

③ 张敏、郭远明:《污染“西进下乡”呼唤农民话语权》,《半月谈》2006年第12期。

年9月以来,相继曝出内蒙古阿拉善盟腾格里工业园部分企业、宁夏中卫明盛染化公司、宁夏中卫工业园区部分企业、甘肃武威市荣华工贸有限公司等企业私设暗管将未经处理的污水排入沙漠腹地。在内蒙古阿拉善左旗与宁夏中卫市接壤处的腾格里沙漠腹地周边地方政府出于地方经济业绩考量,盲目引进了大量在东部地区产业转型、"腾笼换鸟"背景下环保无法达标的化工企业,并不顾周边居民的举报,纵容化工厂排污,使得腾格里沙漠受到了史无前例的污染。①

2. 环境污染从城市向农村转移

自80年代以来,我国政府针对城市环境问题,制定和实施了一系列相关政策和措施,城市的环境问题已经有了一定的改善。与此同时,中国农村环境状况的恶化仍有失控的可能,其中,城市环境污染的扩散转移是原因之一。

农村环境状况的恶化在某种程度上也可以看作城市污染转移和扩散的后果。1978—1984年,乡镇企业购买城市工业二手设备的比重达35%—40%,总额约在120亿—155亿元。1985年,农村工业又购买城市工业二手设备35亿元,这些设备中约有40%属于重污染、高耗能设备。在20世纪80年代后期的城乡"协作"中,乡镇企业承担的是污染较重的初级产品加工,从而形成了"污染下乡、产品进城"的局面。②

① 江德斌:《每日电讯:"沙漠排污"是污染西迁的缩影》,人民网,2014年9月9日,http://opinion.people.com.cn/n/2014/0909/c1003-25623950.html。

② 中国科学院国情分析研究小组:《城市与乡村——中国城乡矛盾与协调发展研究》,科学出版社1994年版,第178页。

以广东省为例,当广州市和深圳市企业经营成本不断上升的时候,两地一些工厂就向临近地区转移。近年来,经济相对落后的广东省东西两翼和粤北山区,不断承接来自珠三角地区的污染项目,局部地区的生态恶化趋势越来越严重。在广东各大中城市,国家明令停业的15类严重污染的小企业已逐渐绝迹,不少厂商却把它们搬到了偏远山区。①

21世纪之后,城市污染向农村转移问题并没有得到明显改善。《2011年中国环境状况公报》这样描述农村环境状况:"随着农村经济社会的快速发展,农业产业化、城乡一体化进程的不断加快,农村和农业污染物排放量大,农村环境形势严峻。突出表现为部分地区农村生活污染加剧,畜禽养殖污染严重,工业和城市污染向农村转移。"②

由于城市污染向农村转移问题的严重性,2017年在我国出台的首个《全国国土规划纲要(2016—2030年)》明确提出,"严格工业项目环境准入,防止城市和工业污染向农村转移"③。

3. 环境污染从发达农村向不发达农村转移

即使是在同一个区域(省、市等)的农村,由于其经济发展水平高低不同,出现了从发达地区向不发达地区的污染转移。

以江苏为例,苏北地区几乎主要城市政府都在GDP增长的驱使下有招商任务,而污染严重的企业则在苏南地区受到的限制越来

---

① 李扬:《污染迁移的中国路径》,《中国新闻周刊》2006年第4期。

② 《2011年中国环境状况公报》,中华人民共和国环保部网站,2012年6月6日。

③ 《国务院关于印发全国国土规划纲要(2016—2030年)的通知》(国发〔2017〕3号)。

越多，生存空间缩小。自1994年开始由苏南企业向苏北5市转移500万元以上项目6770个。在转移的名单上，污染较重的化工、印染、金属电镀等仍占较大份额。例如，处于苏北的盐城市已形成建湖、滨海、阜宁三大化工产业带，而盐城市接受苏南转移过来的化工企业也同时逐年快速增加。以阜宁为例，苏南在阜宁的化工企业占当地化工企业的70%左右，其中，苏州的化工企业在阜宁的投资占30%以上。

污染不仅仅在苏北的内陆，而且已经延伸到沿海地带。江苏省拥有的黄海海岸线长达953.9公里，而从盐城到连云港的苏北海岸线占了其中的大部分。短短三年时间里，在这条海岸线上，已经涌现出4个沿海化工园区，分别是陈家港化工园区、盐城沿海化工园区、连云港化学工业园区，以及灌云县燕尾港区域内刚刚开始建设的燕尾化工区。在连云港化工园区，已经投产的20个企业所产生的全部化工污水，一直以来都不经过任何处理就直接排放进入黄海。2005年年中，江苏省环境保护厅发布了2004年度《近岸海域环境质量公报》。监测结果表明，2004年该省近岸污染面积较上年增加了4980平方公里，近岸海域的Ⅰ类水比例则从2003年的20%猛然下降，仅剩下4%。①

江苏发改委的统计证明，2004年，向苏北产业转移500万元以上项目1893个，总投资641亿元，投资额同比增长高达82%。而仅2005年1—11月，向苏北转移500万元以上项目的总投资就达到702.3亿元。在所有投向苏北的工业项目当中，有高达六成

① 叶文添：《苏北陷入全民招商热潮　苏南污染企业借招商北漂》，2006年8月9日，浙商网，http://biz.zjol.com.cn/05biz/system/2006/08/09/007798125.shtml，转载自《中国经营报》。

以上是机电、纺织、化工类产业。①

当然,工业化、城市化是影响环境污染的重要因素。2013 年中国第三产业占比就超过了第二产业,达到 46.1%,环境压力增长的势头有所放缓。但是,由于环境污染的累加效应,中国的环境压力仍然长期存在。另外,需要指出的是,影响环境压力的原因有多种,工业化、城市化仅仅是其中的两个重要指标。经济发展的水平等等都会对环境质量产生影响。

根据耶鲁大学的全球环境绩效指数(EPI)评估报告,中国 GDP 总量在世界排名由 2006 年第四名上升到目前稳居第二名,而环境绩效指数从 2006 年的 65 分下降到 2014 年的 43 分,排名从第 94 名(参评 133 个)下降到 2014 年的第 116 名(参评 132 个),倒数第 17 名。中国用 40 年的时间基本上完成了发达国家 100 多年的工业化和城市化发展进程,取得了举世瞩目的经济增长成就。但是,另一方面也只用了大约 30 年的时间"集聚"和"爆发"了发达国家 100 多年的环境问题。②

## 第二节　环境污染下的集体抗争

中国的社会结构尚未定型,工业化、城市化、区域分化仍然处

① 孙展:《苏南污染"出走"苏北?》,《中国新闻周刊》2006 年第 4 期。

② 《解读"十三五"规划中的环保政策》,2016 年 11 月 24 日,国家民委监督检查司官网,http://jdjcs.seac.gov.cn/art/2016/11/24/art_3284_270880.html。

于较大的变动之中，这也预示了环境污染的长期性。由于环境污染是环境抗争的诱发性原因，环境污染的长期性意味着与污染相伴随的抗争将会长期存在。在分析环境集体抗争的原因之前，我们有必要对其发展趋势、议题、特点、目标、手段等进行阐述。

## 一、新中国成立到 20 世纪 90 年代中期之前的环境集体抗争

### 1. 改革开放之前的环境抗争

新中国成立之后，百废待兴、百业待举，当时提出了建设四个现代化的纲领，其中包括了工业现代化。1953 年第一个五年计划开始，中央政府仿照苏联的模式自上而下地通过指令方式进行社会主义经济建设，优先发展重工业和能源，重工业占总投资比重的 83%。由于生产技术落后，形成了一种高投入、低产出的资源浪费型发展模式。① 1958 年，中国开始了"大跃进"运动，全国各地"大炼钢铁"，不顾生态条件乱建工厂，土法炼钢，没有采取任何的环保措施。同时，在"以粮为纲"的政策指导下毁林、毁牧和围湖造田。20 世纪 70 年代，生态破坏和环境污染的问题已经开始显现，如 1971 年 3 月，北京官厅水库发生了严重的水污染事件，导致首都北京用水危机，同时引发了中央对环境问题的重视。

尚未获得可靠的资料证明，环境集体抗争最早在什么时候，但是可以肯定的是此类事件在改革开放之前就已经出现了。如

① 黎尔平：《"针灸法"：环保 NGO 参与环境政策的制度安排》，《公共管理学报》2007 年第 1 期。

1973年河北省沙河县褡裢乡赵泗水村民抗议该县磷肥厂废气废水污染村庄农作物并危害村民身体的事件。村民曾多次到厂、乡和县反映污染受害情况，但均被驳回。于是，村民聚集到村管委会并强烈要求其立即采取措施，制止该厂继续污染环境。村干部于是派人去电站关闭了磷肥厂的电闸，以示抗议。县委接到磷肥厂报告后，责成该村向磷肥厂供电并把此事件定性为“反革命破坏事件”。村委两人被开除党籍，逮捕法办，游街示众，分别判处有期徒刑3年和7年。村民为此连续6年不断向上级有关部门申诉，直到1979年才在当时的国务院环境保护领导小组的干预下为两人平反，分别补助了100元、300元生活费。①

由于当时的政治形势，受害者往往不敢对国有和集体企业提出停止污染、赔偿损失的要求。如果受污染者阻止污染的发生，往往会以“反革命破坏罪”被判刑。

2. 改革开放初期到20世纪90年代中期的环境抗争

1979年是中国环境治理的一个重要转折点，这一年，《中华人民共和国环境保护法（试行）》（简称《环境保护法》）颁布。其中规定，“公民对污染破坏环境的单位和个人，有权监督、检举和控告”，“对违反本法和其他环境保护的条例、规定、污染和破坏环境，危害人民健康的单位，各级环境保护机构分别情况，报同级人民政府批准，予以批评、警告、罚款，或者责令赔偿损失、停产治理”。这就赋予了公民受到污染危害后可以进行检举、控告和要

① 赵永康编：《环境纠纷案例》，中国环境科学出版社1989年版，第195—196页。

求赔偿的权利。《环境保护法》的执行在客观上遏制了环境与生态破坏，但是，由于一些企业和地方部门还没有树立正确的环境保护意识，使得侵害生态环境的行为时有发生，这引发了集体抗争。例如，在《环境纠纷案例》一书中，就较为详细记录了 20 世纪 80 年代初发生在湖北、北京、福建、河南、浙江、安徽、湖南等地的 7 起因为环境污染引发的群体性事件。① 这一阶段的环境集体抗争具有自身的特点：

第一，抗争的对象主要是污染企业，很少有直接针对党政机关的。在《环境纠纷案例》中，其抗争的对象都是污染企业，而地方政府则扮演了裁判者的角色。很少见到有因为污染问题而直接冲击地方政府部门的案例。

第二，环境法律成为抗争依赖的重要手段。随着环境法律体系的完善以及法律的不断普及，群众在维权的过程中也越来越开始诉诸法律的手段。这在 20 世纪 90 年代初已经表现较为明显。

第三，媒体对于集体抗争的报道基本是负面的。与 90 年代中期之后相比，这一阶段，新闻媒体对于环境污染的报道较少，对于环境群体性事件则基本不会报道。洪大用也指出由于对新闻媒介的严格控制，早期媒介对于环境保护的监督作用也没有充分发挥，媒介的环境报道主要以正面报道为主。②

① 赵永康编：《环境纠纷案例》，中国环境科学出版社 1989 年版，第 176—194 页。

② 洪大用：《社会变迁与环境问题》，首都师范大学出版社 2001 年版，第 251 页。

在这个阶段，如果群众强行阻止工厂污染，通常会被处以“破坏生产经营罪”“聚众扰乱社会秩序罪”等罪名。比如，《环境纠纷案例》记录了浙江浦江县中余乡石灰厂环境污染案例。由于该石灰厂在生产过程中对周围环境造成了严重污染，影响了附近佛堂店村农民的生产、生活。自1981年以来，该村村民多次向乡、区、县有关部门反映，问题未得到解决。1983年4月，厂方与村民发生了较为严重纠纷，导致工厂停产三个月。同年7月，浦江县防疫站受县环保局委托到现场进行鉴定，结果表明该厂排入空气中污染物未超过国家标准，该厂继续生产，这激化了村民和工厂的矛盾。同年8月1日，村民堵塞了通往石灰窑的通道，马荣秋等30多个农民用水将石灰窑浇灭。1983年9月25日，浦江县人民法院受理此案，认为马荣秋等人为泄私愤、采取堵塞通道，浇灭石灰窑等非法手段，损害了该厂的合法权益，破坏生产，构成了破坏集体生产罪，触犯了刑律，应该追究法律责任。因此，浦江县人民法院以“破坏生产罪”判处马荣秋有期徒刑一年零六个月。对此，马荣秋不服判决，上诉金华地区中级人民法院，经该院审理后裁定：驳回上诉，维持原判。当然，由于浙江省环保局接到许多反映此案判决不公的来信，重启了此案调查，并了解到了石灰厂自1969年投产以来长期污染周边环境的诸多细节，重新测试了该厂的排放数据，并向省人大常委会作了专题汇报。最终，在省人大和省高级人民法院重视关怀下，这一错判案件得以纠正。①

① 赵永康编：《环境纠纷案例》，中国环境科学出版社1989年版，第187—188页。

## 二、20世纪90年代中期之后的环境抗争的发展趋势

每年在中国发生了多少起环境集体抗争事件，尚无公开、精确的统计数据，但从环境信访（上访）等数据变化中得出如下判断：90年代中期以来，环境集体行动事件呈现出了增多的趋势。

首先，我们来看全国环保系统历年的环境信访、环境上访数量的变化。表2-8反映了90年代中期以来全国的环境信访的变化。群众来信总数从1995年的58678封增长到2010年的701073封，增长了10倍之多。2012—2014年，群众来信总数维持在10万封左右。之所以在2011年之后有所降低，主要是由于环境信访的通道有所增加，比如开通了电话/网络信访。2011年之后，电话/网络投诉数增加迅猛，四年间从85.27万件增加到151.2万件。群众来访批次数据波动较大，但是大体上呈现出如下规律：90年代中期以来，1997年的29677批次为历年最低值，2002年的90746批次为最高值达到峰值，此后，群众来访批次基本呈现出下降趋势，2011—2014年维持在5万批次左右。群众来访人数从1997年的7万左右飙升到2005年的14.2万左右，2011年之后大体维持在10万人次。环境信访虽不等同于环境抗争事件，但却是反映群体抗争事件的重要指标。根据于建嵘对于信访的研究，只有千分之二的信访得到了解决①，这

① 赵凌：《中国信访制度实行50多年 走到制度变迁关口》，人民网，2004年11月4日，http://www.people.com.cn/GB/shizheng/1026/2965618.html。

就意味着绝大多数的信访都没有得到合理的解决。如果信访问题得不到合理的解决,又大多会转化为群体抗争事件。例如,以广东为例,2000—2004 年广东共发生群体性事件 16523 起,其中因信访问题得不到妥善解决而诱发的群体性事件有 10285 起,占 62.2%①。

其次,根据国家环保总局接待的来信来访数据,我们也可以判断出,在 90 年代中期之后,以环境污染为核心的抗争呈现出不断的上升趋势。如图 2-2 所示,在环保部(前身为环保总局)收到的信访和来访数量中,环境污染与生态破坏纠纷占历年信访比例基本达到一半以上,其中 2002 年高达 61.1%。1999 年,国家环保总局受理来信 1543 件,环境污染纠纷占到了 739 件,占到了 48%,而到了 2004 年,来信 2811 件,环境污染纠纷 1924 件,占到了 68.45%。2013 年,仍高达 57%。

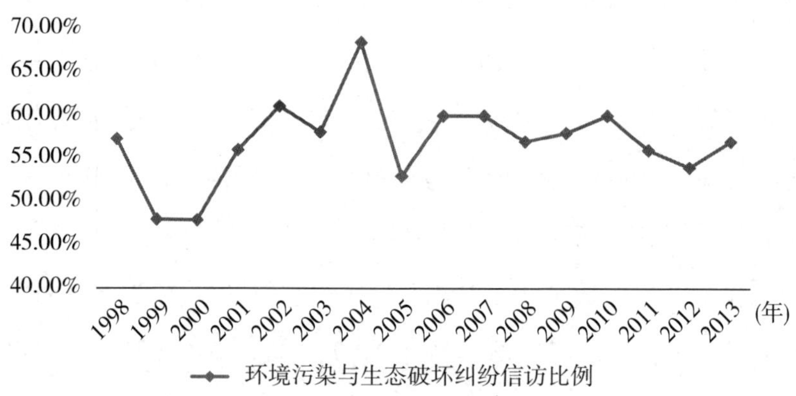


**图 2-2　环境污染与生态纠纷在历年信访中的百分比**

资料来源:根据《中国环境年鉴》(1999—2014)中的“环境信访”的相关数据绘制,该数据中的信访是指国家环保总局收到的信访量。其中 1998 年的数据只包含了当年的 8—12 月份。

① 郑杭生:《减缩代价与增促进步:社会学及其深层理念》,北京师范大学出版社 2007 年版,第 198 页。

如图 2-3 所示，环保部每年接待的来访中，从 1999 年到 2013 年 15 年间，除 2009 年的 50%之外，环境污染与生态破坏纠纷占历年来访的比例基本维持在 70%以上。其中，有 5 年高达 80%以上。

2007 年之后，在《全国环境统计公报》中，已经无法查找到“群众来信总数”和“群众来访总数”的相关数据了，环保部门不再公布“环境污染与破坏事故数”，与而代之公布“突发环境事件次数”。2007 年到 2010 年，突发环境事件次数基本保持稳定，每年在 400—500 次之间。2007 年污染与破坏事故直接经济损失只有 3016 万元，但是 2009 年的污染与破坏事故直接经济损失高达 43354.4 万元。实际上，每年 400 起以上的突发环境事件，又大多会引发事件发生地的环境维权与抗争。

**表 2-8　20 世纪 90 年代中期以来的环境行政处罚、环境上访等情况**

| 年份 | 群众来信总数(封) | 群众来访批次 | 群众来访人数 | 当年环境行政处罚案件数(起) | 当年电话/网络投诉数(件) |
|---|---|---|---|---|---|
| 1995 | 58678 | — | 94798 | | |
| 1996 | 67268 | 47714 | — | | |
| 1997 | 106210 | 29677 | 71528 | 29523 | |
| 1998 | 147630 | 40151 | 93791 | 39754 | |
| 1999 | 230346 | 38246 | 89872 | 53101 | |
| 2000 | 247741 | 62059 | 139424 | 55209 | |
| 2001 | 367402 | 80329 | — | 71089 | |
| 2002 | 435020 | 90746 | — | 100103 | |
| 2003 | 525988 | 85028 | — | 92818 | |
| 2004 | 595852 | 86414 | — | 80079 | |
| 2005 | 608245 | 88237 | 142360 | 93265 | |

续表

| 年份 | 群众来信总数(封) | 群众来访批次 | 群众来访人数 | 当年环境行政处罚案件数(起) | 当年电话/网络投诉数(件) |
|---|---|---|---|---|---|
| 2006 | 616122 | 71287 | — | 92404 | |
| 2007 | — | — | — | 101325 | |
| 2008 | — | — | — | 89820 | |
| 2009 | — | — | — | 78788 | |
| 2010 | — | — | — | 116820 | |
| 2011 | 201631 | 53505 | 107597 | 119333 | 852700 |
| 2012 | 107120 | 53505 | 96146 | 117308 | 892348 |
| 2013 | 103776 | 46162 | 107165 | 139059 | 111 万 |
| 2014 | 113086 | 50934 | 109426 | 97084 | 151. 2 万 |
| 2015 | — | 48010 | 104323 | 102084 | 164. 7 万 |

资料来源:数据来源于当年的《全国环境统计公报》。1996 年的群众来访人数数据在公报中未呈现;1995 年的群众来访批次在公报中未呈现。2007—2010 年的群众来信总数、群众来访批次和群众来访人数以及 2001—2004 年、2006 年的群众来访人数等数据均来源于杨朝霞、黄婧:《如何应对中国环境纠纷》,《环境保护》2012 年 Z1 期。环保部官网上《2015 年全国环境统计公报》公布的群众来信总数为 161. 1 件,存疑,故未列入表格。

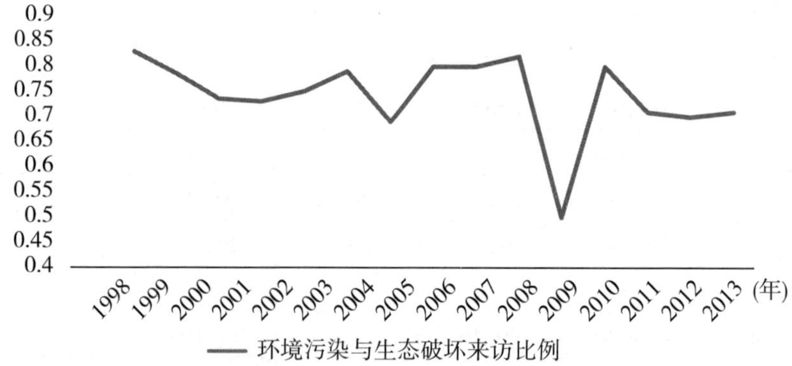


**图 2-3　环境污染纠纷在历年走访中的百分比**

资料来源:根据《中国环境年鉴》(1999—2014)中的“环境信访”的相关数据绘制,该数据中的信访是指国家环保总局收到的信访量。

最后,从环境行政处罚案件和当年受理的行政复议案件数、当年结案的行政诉讼案件数等指标分析,90 年代中期以来,环境纠纷数量出现过长期增长趋势。环境行政处罚案件数从 1997 年的 2.95 万起左右到 2002 年超过 10 万起,只用了 5 年的时间。此后在拉锯中逐渐下降到 2009 年的 7.88 万起,2010—2013 年维持在 11 万起以上,其中 2013 年高达 13.9 万起,2014 年骤降为 9.71 万起。

当年受理的行政复议案件数也有所上升,从 1997 年的 203 起到 2011 年的 828 起,之后,呈现出下降的趋势。当年结案的行政诉讼案件数则在 2002 年达到 993 起峰值后,呈现出下降趋势。当年发生的环境行政赔偿案件同样在 2002 年达到高点 62 起后,开始逐渐降低。

除此之外,从政府官员的讲话与学者的分析中,我们也可以判断环境群体性事件在增长。原国家环境总局副局长潘岳在《和谐社会目标下的环境友好型社会》一文中指出,"我们有 1/4 人口饮用不合格的水,1/3 的城市人口呼吸着严重污染的空气,污染对公众健康的危害将引发社会的强烈不满。根据统计,环境污染引发的群体性事件以年均 29% 的速度递增,2005 年,全国发生环境污染纠纷 5 万起,对抗程度明显高于其他群体性事件。尤其值得注意并一定要处理好的是水坝移民问题。2020 年整个西南地区的水坝移民要达 100 万"。① 2007 年 3 月,国家信

① 潘岳:《和谐社会目标下的环境友好型社会》,人民网,2006 年 7 月 15 日,http://finance.people.com.cn/GB/1037/4594021.html。

访局的资料显示，土地征收征用、城市建设拆迁、环境保护、企业重组改制和破产、涉法涉诉等五方面群众反映强烈的突出问题，成为新时期信访工作的重点。① 从地方的情况来看，环境污染引发的群体性事件也得到了关注。例如山东淄博市人民政府副市长岳华东在《中国党政干部论坛》上撰文区分了五类直接引发群体性事件的启动性因素，其中包括了因环境污染问题导致的群体性事件。②

## 三、20 世纪 90 年代中期以来农民环境抗争的议题与特点

### 1. 抗争的议题和城乡、区域结构分布

第一，噪声污染、大气污染、水污染和固体废物是引发环境纠纷的关键。

从 1996 年开始，地表水体污染就一直是群众关心的主要环境问题，群众要求保护自己环境权益的来信占到了多数。③

《中国环境年鉴(2000)》中出现了环境污染的分类统计指标，从数据中，我们可以看出，在环境污染纠纷投诉中，以水、气污染纠纷占到的比重最大，而且水污染占到了首位。例如，在 1999 年，国

① 李亚杰、魏武:《群众反映强烈的五方面突出问题成为信访工作重点》，新华网，2007 年 3 月 28 日，http://politics.people.com.cn/GB/1026/5534212.html。

② 岳华东:《社会转型期群体性事件的成因》，《中国党政干部论坛》2007 年第 5 期。

③ 《中国环境年鉴》编辑委员会:《中国环境年鉴》，中国环境科学出版社 1997 年版，第 214 页。

家环保总局收到的来信中，涉及水污染的 430 次/件；涉及大气污染 304 次/件；涉及噪声污染的 147 次/件；涉及固体废弃物污染的 40 次/件。在 142 批环境污染纠纷的投诉中，涉及水污染的 93 批，占总数的 65%；涉及大气污染 45 批，占总数的 31.7%。① 2002 年环境污染纠纷来访中，涉及水污染纠纷 124 件，涉及大气污染纠纷 73 件；涉及噪声污染纠纷 30 件；涉及固体废物污染纠纷 14 件。② 2010 年《中国环境年鉴》统计了 2009 年环境保护部来信来访情况，在 2647 件环境类来信中，水污染为 724 件，占 27%，大气污染 719 件，占 27%，噪声污染 257 件，占 9%，固体废物污染 114 件，占 4%。在 497 批环境来访中，水污染 170 批次，占 34%，大气污染 220 批次，占 44%，噪声污染 52 批次，占 10%。③

从全国环境纠纷信访分类数据中也可以看出大体相同的趋势。如表 2-9 所示，2001—2010 年期间，环境噪声污染信访和大气污染信访占到所有环境信访总数的 80%左右。2001—2006 年，噪声污染稳居第一位，大气污染居第二位；2007—2010 年大气污染超过噪声污染，持续居于第一位，噪声污染居第二位。如 2001 年，噪声污染信访 154780 件，占当年来信总数的 42.1%，大气污染 144800 件，占当年来信总数的 39.2%。2006 年，噪声污染信访 263146 件，占当年来信总数的 42.7%，大气污染 242298 件，占

① 《中国环境年鉴》编辑委员会：《中国环境年鉴》，中国环境科学出版社 2000 年版，第 382 页。

② 《中国环境年鉴》编辑委员会：《中国环境年鉴》，中国环境科学出版社 2003 年版，第 274 页。

③ 《中国环境年鉴》编辑委员会：《中国环境年鉴》，中国环境科学出版社 2010 年版，第 235 页。

39.3%。2007年、2010年噪声污染信访分别占当年来信总数的32.9%、37.4%，大气污染分别占37.2%、37.5%。

**表2-9　近年全国环境纠纷信访分类数据**

| 年份 | 来信总数（封） | 水污染（件） | 大气污染（件） | 固体废物污染（件） | 噪声震动（件） |
|---|---|---|---|---|---|
| 2001 | 367402 | 47536 | 144880 | 6762 | 154780 |
| 2002 | 435020 | 47438 | 160332 | 7567 | 171770 |
| 2003 | 525988 | 60815 | 194148 | 11698 | 201143 |
| 2004 | 595852 | 68012 | 234569 | 10674 | 254089 |
| 2005 | 608245 | 66660 | 234909 | 10890 | 255638 |
| 2006 | 616122 | 73133 | 242298 | 8538 | 263146 |
| 2007 | 123357 | 23788 | 45986 | 3762 | 40638 |
| 2008 | 705127 | 106521 | 286699 | 14135 | 239737 |
| 2009 | 696134 | 100497 | 260168 | 15010 | 242521 |
| 2010 | 701073 | 91967 | 262953 | 12908 | 262389 |

参见杨朝霞、黄婧：《如何应对中国环境纠纷》，《环境保护》，2012年Z1期。

第二，一段时期以来，农村的抗争主要是以水污染为主，而城市的抗争主要是以噪声污染为主，大气污染在农村与城市表现都很明显。

从2000年到2002年，国家环保总局在环境污染纠纷的分析中连续三年指出同期出现了“投诉水污染的来访主要集中在农村，投诉噪声污染的主要集中在城市，投诉大气污染的城市、农村均较多”的特点。①

① 《中国环境年鉴》编辑委员会：《中国环境年鉴》（2001—2003），第271、352、337页。

第三，环境污染转移导致的纠纷开始增多。

2003年开始，污染企业异地重建或迁移经济落后地区的问题开始突出，成为群众投诉的热点问题。到2004年，环境污染转移的问题已经较为突出并成为农民上访的重点，尤其是一些经济落后地区的县、镇、乡政府和农村为发展经济盲目引进"十五小"或"新五小"污染项目，对周边环境造成严重污染，对村民或居民的生产、生活造成严重影响。① 这一问题在"十五"期间表现仍然较为明显，"地方在招商引资过程中，建设或引进生产技术落后、污染严重项目造成的环境污染。此类问题多发生在经济欠发达地区，往往是利用当地资源、建在不易被发现的偏僻农村，在未经环保、工商等部门审批的情况下违法建设。主要是钢铁冶炼、矿石和煤炭开采加工、化工、造纸以及有毒有害气体超标排放，造成水源或大气污染，农作物因污染减产或绝收②"。

2. 抗争的特点

第一，在农村，环境抗争事件往往与征地拆迁等其他问题搅在一起，不容易处理。在农村，环境集体抗争事件之所以会发生，很多情况是由于农民的田地、山林、地下水、流经村庄的河流受到污染，长期得不到解决所致。很多情况下，这些污染企业的用地是村庄里的，污染企业如果要扩大生产，也需要在场地上向外扩张。因此，在选址以及扩张的过程中，都会涉及征地拆迁补偿等问题。从

① 《中国环境年鉴》编辑委员会:《中国环境年鉴》，中国环境科学出版社2005年版，第321页。

② 《中国环境年鉴》编辑委员会:《中国环境年鉴》，中国环境科学出版社2006年版，第338页。

一些农民的环境信访可以看出，他们的诉求往往不单纯是要“清洁的空气、干净的水”以及“人身损害赔偿”，很多也与污染企业的征地拆迁后补偿不到位等问题交织在一起。这给处理此类问题造成了一定的难度。

环境抗争的复杂性还体现在，以环境污染以及环境相关的问题为由，谋求其他利益的信访事项增多。比如，《中国环境年鉴（2000）》记载：“一些信访人因为土地纠纷、债务纠纷、劳动纠纷、行业竞争或其他个人恩怨，以环境污染为由要求环保部门处罚对方。经过调查，被投诉企业排放能够达标，信访人反映的其他问题不属于环保部门职责。信访人认为当地环保部门不作为，不断向上级反映。”①《中国环境年鉴（2000）》，明确指出：“以环境问题为由，谋求解决非环境纠纷的较多。有与企业之间因征地、搬迁、劳务发生纠纷的，有因本人或家属与企业主或当地基层政府工作人员发生过肢体冲突，认为自己吃了亏的，不断反映企业存在污染问题，要求处罚。”②

第二，出现了规模较大的重大环境集体抗争事件。对于群体性事件的规模，公安部门有严格的界定。例如按照《深圳市预防和处置群体性事件实施办法》的规定：参与人数在5人以上、30人以下，为一般群体性事件；参与人数在30人以上（含30人）、300人以下，为较大群体性事件；参与人数在300人以上（含300人）、

① 《中国环境年鉴》编辑委员会：《中国环境年鉴（2000）》，中国环境科学出版社2010年版，第234页。

② 《中国环境年鉴》编辑委员会：《中国环境年鉴（2000）》，中国环境科学出版社2012年版，第336页。

1000 人以下，为重大群体性事件；参与人数在 1000 人以上（含 1000 人），为特别重大群体性事件。在实际工作中，评估群体性事件的级别，还应统筹考虑事件的发展趋势、性质、影响范围等因素。相对于一般性的环境群体性事件，重大群体性事件虽然次数少，但是由于其影响极大，一旦爆发，社会危害性很大。

第三，出现了暴力化对抗性的群体抗争事件。2005 年，国内连续发生了三起规模较大，冲突性较强的典型环境纠纷案件，引起了社会各界的一定关注。此后，暴力化解决环境纠纷的案件时有发生，呈现出增长的趋势。比如，2012 年 7—8 月，四川什邡和江苏启东先后发生了大规模环境纠纷事件，引发了严重的社会骚乱，同年 10 月，宁波镇海 PX 项目、云南昆明 PX 项目等都引发了较大的冲突。2005 年 D 市 S 镇冲突事件尤为典型。“2005 年 4 月 10 日，位于浙江省 D 市 S 镇的竹溪化工园区发生数千名干群冲突，造成 100 多名干部和部分群众受伤。几乎在同时，宁波北仑 3000 多名群众也认为当地一不锈钢企业污染严重，围困该企业长达 10 多天。2005 年 7 月 15 日，浙江省嵊州市数百名村民冲击邻县一家污染严重的制药企业，并与警察发生严重冲突。此外，长兴县部分群众也因为污染问题冲击当地一家铅酸蓄电池企业。”①

第四，部分参与抗争居民对环境保护部门怀有不切实际的期望。从环保部信访办接收到的来信来访案例中，可以看出，一

① 傅丕毅、章苒：《环境保护事关企业生死存亡——浙江环境群体性事件暴发地回访》，新华网，2007 年 11 月 9 日，http://jjckb.xinhuanet.com/yw/2007-11/09/content_73229.htm，转自《经济参考报》。

些居民对环保部门的职能并不了解,这也成为引发持续环境纠纷的因素。据《中国环境年鉴(2000)》,环保部信访办对 2009 年来信来访主要特点进行了分析,他们指出超出环保部门职能的诉求呈现增加趋势。比如,"信访人要求环保部门责令企业赔偿损失或为其安排搬迁。搬迁问题涉及当地政府的工业、规划、土地、环保、建设等多部门职责,须由当地政府统筹协调。一些信访人不仅要求环保部门制止企业违法排污,还要求责令企业赔偿损失。对于污染损害纠纷,环保部门开业调解,但不能强迫企业支付赔偿金。如果达不成调解协议,当事人须向法院起诉。相当一部分信访人对此项规定不理解。如果环保部门不强迫企业支付赔偿金,就误以为环保部门偏袒企业,不断到上级环保部门上访"①。

第五,环境纠纷解决主要是通过非诉讼途径。2011 年到 2013 年,全国各级法院受理的涉及环境资源类的刑事、民事、行政案件,年均不足 3 万件,对于我们全国法院系统 1100 多万件案件来讲,这个案件量确实是比较少的。② 2014 年之后,随着各省市区人民法院环境资源审判庭、合议庭、巡回法庭的设置,以及 2015 年 1 月 1 日,新修订的环境保护法实施,法院受理环境资源类案件出现较大增长,据 2015 年 11 月 7 日,第一次全国法院环境资源审批工作

① 《中国环境年鉴》编辑委员会:《中国环境年鉴(2000)》,中国环境科学出版社 2012 年版,第 234 页。

② 袁定波:《全国法院受理环境资源类案件年均不足 3 万件》,法制网,2014 年 7 月 3 日,http://www.legaldaily.com.cn/index/content/2014-07/03/content_5646868.htm? node=20908。

会议数据，全国法院受理环境资源类刑事案件 29677 件、行政案件 43917 件、民商事案件 191935 件，共计 26 万余件。① 虽然法院受理的环境纠纷案件在绝对数量上有所增加，但是仍然只占到所有环境纠纷中的极少数。有报道称，“我国每年的环保纠纷有 10 万多起，真正到法院诉讼的不足 1%，各级法院受理的环境侵权案件更是屈指可数”。②《重庆晚报》的一则报道也指出，重庆市民在遇到环境纠纷主要是向环保部门投诉为主，诉讼解决比例较低。2012 年环境行政机关受理投诉 12000 件，一审受理环境案件 89 件，约占 0.007%；2013 年环境行政机关受理投诉 14000 件，一审受理环境案件 150 件，约占 0.01%。③

第六，环境公益诉讼呈现出增长趋势。2015 年，新修订的环保法实施后，社会组织获得了提起公益诉讼的资质，有效推动了环境公益诉讼的增长。据统计，“从 2000 年到 2013 年，全国环境公益诉讼案件总计不足 60 起，起诉主体绝大多数是行政机关和地方检察院等公权力机关，环保组织起诉的案件很少，个人诉讼更是难上加难”。④

---

① 徐隽：《2014 年以来全国法院受理环境资源类案件 26 万余件》，搜狐网，2015 年 11 月 18 日，http://news.sohu.com/20151118/n426788628.shtml。

② 徐小飞：《立案登记挤破门槛　环保法庭“等米下锅”》，《人民法院报》2015 年 6 月 2 日第 2 版。

③ 唐中明、董妮佳：《环境纠纷在增多，起诉的才 0.01%》，《重庆晚报》2015 年 2 月 10 日。

④ 王丽、李惊亚、胡星、李放、张京品：《诉讼渠道解决的环境纠纷不足 1%——会内会外谈如何让环境司法“硬起来”》，《新华每日电讯》2015 年 3 月 15 日第 3 版。

**表 2-10　环保部(国家环保总局)信访办环境信访特点内容分析**

| 年份 | 环境信访特点 |
| --- | --- |
| 2001—2005(“十五”期间) | (1)地方在招商引资过程中,建设或引进生产技术落后、污染严重项目造成的环境污染。此类问题多发生在经济欠发达地区。(2)新上建设项目违反国家建设项目环境保护有关规定,未批先建或建设中违反环保批复要求,环境保护设施未与主体工程同时建设,造成环境污染和生态破坏。(3)老钢铁厂、老化工厂、发电厂等大中型企业的大气、噪声和水污染问题,是群众来信来访反映的主要问题之一。(4)电磁辐射污染是近年来群众关心的热点问题之一,呈上升趋势。 |
| 2006 | (1)企业未建污染治理设施即投入生产,或者建了污染治理设施故意不运行。(2)未经环保部门审批擅自建设排污项目。(3)企业新建项目选址不当,离居民区过近。(4)因违法排污导致饮用水水源、灌溉用水和居住环境被污染。(5)基层政府招商引资项目不履行环评和“三同时”程序,企业违法排污损害群众利益但受到当地政府保护,环保部门监管不能到位。 |
| 2007 | (1)农村、城乡接合部新建项目引发的环境污染纠纷增多。(2)要求赔偿污染损害的事项持续增多。(3)一些城市基础设施建设项目、大型工业项目引起的矛盾纠纷有上升趋势。如生活垃圾焚烧发电项目、磁悬浮轨道交通项目、变电站项目、大型化工项目等,引发多起非正常集体访。 |
| 2008 | (1)反映农村和城乡接合部地区污染问题的信访量仍然占较高比例。(2)城市基础设施建设项目引发纠纷呈上升趋势。(3)要求赔偿污染损害的事项继续增加。 |
| 2009 | (1)信访总量高位运行,结构性污染突出,化工、能源、建材、有色冶金等领域投诉量大。(2)以环境污染以及与环境相关的问题为由,谋求其他利益的信访事项增多,增加了信访工作的复杂性。(3)超出环保部门职能的诉求也呈增加趋势。 |
| 2011 | (1)反映化工类企业污染的占比高。(2)有关重金属污染的投诉人较多。(3)上半年有关铁路建设项目引发的环境纠纷较多,居民担心铁路通车后,自己受到噪声、振动影响,要求改变线路走向。(4)没有发生大规模(100 人以上)来访聚集事件,全年信访形势总体比较平稳。(5)以环境问题为由,谋求解决非环境纠纷的较多。 |

续表

| 年份 | 环境信访特点 |
|---|---|
| 2012 | (1)针对中小型化工、水泥、钢铁、有色、火电企业的投诉占比仍较高。(2)反映企业在环评报告书中承诺为周边居民搬迁但长期不落实的增多,厂群矛盾尖锐。部分演化为群众与环保部门之间的矛盾。(3)集体访比例有所下降,未发生大规模(100 人以上)至环境保护部聚集事件,未发生极端事件。(4)以环境问题为由,谋求解决非环境纠纷的仍比较多。 |
| 2013 | (1)针对化工、制药、造纸、电镀、采矿(金属、水泥、煤炭)、水泥、钢铁与其他的投诉占比仍较高。(2)反映企业在环评报告书中承诺为周边居民搬迁但长期不落实的比较多。(3)集体访比例有所上升,大规模(100 人以上)来部聚集事件两起,极端事件一起。(4)谋求非环境权益的仍比较多。 |

资料来源:参见 2006 年至 2014 年的《中国环境年鉴》中环境信访条目。

## 四、农民环境抗争的目标与手段

### 1. 抗争的目标

从目标的取向和性质,可以分为如下两类:一是事后补救,二是事前预防。在社会运动的研究中,前者也被称为反应性抗争行为,后者被称为预防性抗争行为。所谓事后补救目标即是在污染事实已产生之后,受害居民所提出的种种求偿诉求与目标,由于在不同的求偿目标当中,有的较倾向于温和性质,有的则倾向于激烈性质,因此又再将事后补救目标分为“温和求偿”和“激烈求偿”。前者包括:改善、赔偿、取缔、补救、健康检查、监督、鉴定、转业、回馈等;后者包括:迁厂、停工、迁村、保证等。至于事先预防的目标则明确地以反对设厂为直接诉求,一般而言,导致的冲突较为激烈。如表 2-11 所示:

**表 2-11　环境抗争的目标分类**

<table>
<tr><td colspan="2" rowspan="2"></td><td colspan="2">补救的目标</td></tr>
<tr><td>温和的求偿</td><td>激烈的求偿</td></tr>
<tr><td rowspan="2">介入的时间</td><td>事后补救型</td><td>赔偿、补助、健康检查、停止排污</td><td>迁厂、迁村</td></tr>
<tr><td>事前预防型</td><td></td><td>反对设厂</td></tr>
</table>

一般而言，有关环境抗争运动的资料，相关部门（如公安）应该是有的，但是，目前这部分资料基本上不对外公布。笔者也无法获得，因此我也只能根据自己掌握的资料及与学术界的相关研究者交换意见来对相关的问题进行大致的分析。

第一，大多数环境抗争行动都是多目标、多诉求，而非单一目标。在事件发展的不同阶段，农民可能会提出不同的目标诉求，或要求赔偿、补助，或要求停止排污，甚至要求迁厂、迁村。

第二，事后补救为最主要的诉求，其中大多数应该为“温和的求偿”，即主要是希望对方给予经济方面的补偿，停止排污等。直接要求迁厂、迁村等“激烈的求偿”的目标是存在的，但不是主流。

第三，在农民的环境抗争中，事前预防也开始出现。比如，2014 年杭州余杭中泰乡周边的居民针对在本地建设垃圾焚烧发电厂的抗争事件。

2. 抗争的手段

根据笔者的观察，我们可以从如下几个维度对环境抗争进行分类，一是冲突的程度，二是权利救济的方式。这样我们就可以分出四种类型的抗争手段：低冲突—公力救济型，例如投诉、举报等行动；高冲突—公力救济型，如集体上访、集团诉讼等；低冲突—自力救济型，如和平示威、静坐等；高冲突—自力救济型，如围堵、砸厂等。如表 2-12 所示：

**表 2-12　从环境抗争的手段进行分类**

| | | 权利救济的来源 | |
|---|---|---|---|
| | | 公力救济 | 自力救济 |
| 冲突的程度 | 低 | 投诉、举报、信访、协调会 | 和平示威、静坐 |
| | 高 | 集体上访、集团诉讼 | 围堵、砸厂、暴力冲突 |

就农民的抗争手段而言，大致有如下判断：

第一，寻找公权力救济仍然是主要的手段。从全国以及浙江省的环境信访数据与全国群体性事件的统计资料推算，寻求公权力进行救济仍然是村民的首选手段。笔者尚未接触到在未进行“公力救济”的情况下而直接采用“自力救济”的方式的案件。

第二，多重手段的交错使用。在具体的事件中，多种手段都可能出现。在笔者观察到的案例中，仅仅采用一种手段的比较少，通常是综合使用多种手段。

第三，随着抗争的发展，手段的冲突性质也会随着升高。如果，村民的环境污染问题不能获得及时的解决，抗争手段的冲突程度会不断升级，而且大多数遵循如下两个规律：先公力救济后自力救济；先采取较低冲突的手段，如投诉、信访，后采取较高冲突的手段，如集体上访等。“投诉、信访—集体上访—暴力冲突”成为很多暴力型环境冲突事件的常规性发展路径，当然，在具体的案件中，其表现形式有所不同。

## 五、利益求偿还是环保主义？再谈农民环境抗争的目的

抗争的农民究竟是“利益求偿者”还是“环境保护者”？[①] 在很多的解释中，媒体都倾向于把农民环境抗争的兴起解释为农民环境认知的觉醒，而笔者认为，这样的结论还为时尚早。有学者区分了两种类型的社会运动：一种是维护或争取某个群体实际利益的社会运动，即利益取向的运动；一种是并不以实际利益为中心，而在于表达或宣传某种文化价值的社会运动，即表意指向的运动[②]。从环境保护的角度，前者重在“维持居民生计”，参与的群体通常是低下阶层或是少数族群，他们的参与基于直接的受害经验，因此大多以群众抗议的方式表示他们的诉求；而后者重在“保存自然荒野”或“生态保育”，由中产阶层所组成的专业团体所领导，采取体制内的立法游说与法律诉讼的策略。[③] 当前中国，大多数环保 NGO 重在表达或宣传环境价值与理念，而农民则主要重“生计的剥夺”之后的利益求偿。英格尔哈特将传统的强调经济增长和物质安全的价值观称作“物质主义”，而将新流行的强调自

① 黄懿慧：《科技风险与环保抗争——台湾民众风险认知个案研究》，五南图书出版公司 1994 年版。

② 洪大用主编：《中国民间环保力量的成长》，中国人民大学出版社 2007 年版，第 91 页。

③ Guha, Ramachandra and Juan Martinez-Allier, Varieties of Environmentalism:-Essays North and South, London: Earthscan, 1997, pp. 16-21. 转引自何明修：《绿色民主：台湾环境运动的研究》，群学出版有限公司 2006 年版，第 4—5 页。

由、自我表达和生活质量的价值观称作“后物质主义”。① 洪大用根据2003CGSS数据测量表明，大多数中国居民还是秉持物质主义的价值观。他也指出，整体上而言，公众的环境意识水平受到物质主义价值观的制约。②

对于抗争农民而言，当他们感受到现实的生存危机时，他们就会为维持自己的基本生存而进行抗争。根据对抗争的目标与手段的分析，抗争维权都会经历一个过程，这就意味着，开始时其目标一般温和的求偿，例如要求赔偿、补助、健康检查、停止排污等，如果此时化工企业能够给予农民一定的利益补偿，农民也愿意忍受污染，而当其要求无法得到满足时，村民才会采取围堵、甚至砸厂等暴力的方式。

这一方面说明，农民的环境抗争具有阶段性；另一方面也说明，农民的集体抗争具有利益求偿的特点。以丽江华坪兴泉镇的环保冲突事件（简称“丽江华坪事件”）为例。

2008年8月4日上午11时许，云南丽江市华坪县兴泉镇兴泉村近200名村民，与当地大型水泥厂高源建材公司的106名人员发生冲突，致六名村民受伤住院。据《财经》报道，这也是自2008年7月24日国务院召开首次农村环境保护工作电视电话会议后，国内发生的第一起群体性环保冲突事件。那么，这次冲突事件是如何一步步升级的呢？

高源建材公司前身为华坪县国有水泥厂，始建于1985年，是

① 洪大用等：《中国民间环保力量的成长》，中国人民大学出版社2007年版，第56—57页。

② 同上书，第59页。

丽江地区明星企业。建厂之初，丽江市环保局尚未成立，为便于原材料开采及运输，工厂选址于兴泉镇兴泉村8—13村民小组之间的石灰石富矿区。最初，水泥厂配置了当时云南省较先进的旋窑生产线，但因除尘设施时好时坏，粉尘、噪声污染不断。不过，由于此前村民环保意识淡薄，兼之工厂吸纳了部分村民进厂工作，村民虽偶有怨言，却从未与企业产生正面冲突。

由于华坪水泥厂效益滑坡，连年亏损。2003年，企业改制，其后，二度易手，2005年年底，由四川水泥商王钟琼和本地煤矿企业金达公司的董事长毛凯合伙经营。2006年下半年，在未办理任何手续的情况下，他们私自兴建了两条早已被原国家环保总局明令禁止的立窑生产线，2007年2月投产，粉尘污染极大。5月，就有村民代表找王钟琼交涉，要求其治污，或付环保补偿费。在协商未果的情况下，数百名村民遂聚众到厂区堵路。政府很快出面，经协调，企业同意给离厂区最近的六个自然村（即兴泉村8—13村民小组）的1800名村民提供经济补偿，标准为当年每人300元。2007年底，领到300元补偿金的村民决定继续忍受粉尘污染。

2008年6月30日，高源建材公司的两条立窑生产线被勒令关停后，由于王钟琼等无实力投资新技改项目，县政府希望定华能源公司接手。村民得知后，要求王种琼等兑现承诺，即支付2008年上半年的环保补偿费和为村子架设自来水管。2008年7月29日，在与企业协商未果的情况下，兴泉村数百村民在高源建材公司厂区大门前聚众堵路，持续三天。直到7月31日，在政府协调下，企业给1800名村民每人补发了200元补偿费，村民方始散去。但为村庄架设水管的问题依然没解决。8 月 4 日，聚集在高源建材公司的 200 名村民与工厂方的上百人发生冲突。①

整个过程中，有几个细节与本研究有关。一是，华坪县国有水泥厂在建厂之后，虽然污染不断，但由于“工厂吸纳了部分村民进厂工作”，村民虽偶有怨言，却从未与企业产生正面冲突。二是，“2007 年年底，领到 300 元补偿金的村民决定继续忍受粉尘污染”。三是，2008 年 7 月 31 日，村民堵路三天后，“在政府协调下，企业给 1800 名村民每人补发了 200 元补偿费，村民方始散去”。这表明了，对于抗争农民而言，求偿仍然是其主要目标，而其行动也具有很强的利益求偿取向。

如果说丽江华坪事件是从整体上对农民集体抗争的利益取向性的阐释，那么，浙江 D 市事件中 H 村民汪雪（化名）案例则说明了农民个体在参与集体抗争过程中的利益求偿取向。

2008 年 8 月，笔者在调研过程中，遇到了 S 镇 H 村的汪雪，她是养蜂专业户。得知笔者是来了解 2005 年的“4 · 10”事件的，她非常积极，并详细介绍了当时的情况和环境污染对自家造成的损失。汪雪尤其热衷于介绍污染对自家造成的损失，并指出到现在地方政府仍然没有对其进行应有的补偿。她向笔者提供了如下两份材料，一份是当事人《关于要求赔偿损失的报告》，另一份是 S 镇六村村民委员会的《证明》，抄录如下：

① 周琼：《丽江：失败的“以钱补污”》，《财经》2008 年第 17 期，总第 218 期。

材料 1:

### 关于要求赔偿损失的报告

我是浙江省 D 市 S 镇六村公民汪雪,是经营四十余年的养蜂专业户。全家四口,全年生活靠养蜂过日,生活尚可。不幸的是 2002 年由于 H 村工业园区办起来,从外地搬进来几家毒品化工厂后,造成环境严重污染。我的 160 余箱蜂蜜(年产值达 30 余万元)全部被毒死,四年来,造成经济损失总计达 120 万余元。在 2005 年轰动全国的 D 市"4·10"事件时,我曾向工作组提出蜜蜂被毒死的事,当时工作组叫我写报告,他们承认赔偿。可是事到如今,这个部门推那个部门,那个部门推这个部门,推来推去,直到如今分文没有赔给我,使我全家痛苦万分,生活不能过,苦难连天,没有办法只得向上级政府求救。诉说养蜂农民的苦情,请求帮助,救救我们一家人的生命,我们的要求是赔偿经济损失。

浙江省 D 市 S 镇 H 村　汪雪

2005 年 10 月 1 日

材料 2:

### 证　明

兹有 S 镇、H 村汪雪系几十年来的养蜂专业户,原有蜂箱 160 余箱。由于近几年受竹溪农药厂、化工厂等环境污染的影响，几乎全部受毒死光。所生存下来的蜜蜂微乎其微。造成重大的经济损失。情况属实，众所周知，特此证明。

H 村村委会

2005 年 10 月 10 日

这两份材料说明，汪雪家在化工厂搬迁过来后，经济利益受到了严重的损害。那么，这些损害与她参与环境抗争之间是否有关系呢？通过与她的详细交流，笔者基本能够认定，她抗争的动力很大程度上源于其经济损失。汪雪是抗争的积极分子，她不但积极地参加搭棚阻止化工园区运货车辆的行动，而且亲历了“4·10”事件。以下是笔者与她的一段简单对话：

A：当时你为什么参与堵路呢？

B：养了几十年的蜂，就这样死了，心痛呀（沉默了一会儿）。家里一下子没了经济收入，化工厂又不理，你说我该干什么。

A：如果化工园区再招有污染的企业，你们会怎么办？

B：还得跟他们闹。

由于地方政府只答应赔偿她 3000 元，她没有接受，她抱怨地方政府是“想把我们当要饭的打发”。

从这个意义上，不能把农民的环境抗争简单地理解为村民的环保意识的崛起，事实上，即使在那些发生了较为激烈的环境抗争的村庄中,环境抗争并没有能够改变村民自身的环境行为。例如,在浙江 D 市 S 镇,笔者专程进行了实地调研与考察,发现早在 20 世纪 80 年代,S 镇就开始成为废旧塑料的回收加工基地,稍微有实力的农户,都在做废旧塑料的回收加工,而且塑料回收加工的污染同样是较为严重的。虽然,那些没有干此行的村民对此略有微词,但是村庄中依然可见到处散落着加工废旧塑料的家庭作坊。2005 年集体抗争爆发之后,虽然周围的化工企业都搬迁了,但是村庄中的其他污染仍然没有好转。据笔者的观察,在日常生活中,村民的环境行为依旧,同时,他们对于化工企业的危害的认识则非常一致,很多村民表示,如果化工园区再引进污染企业,他们同样会进行抵制。

在另一份关于 S 镇的案例研究中,研究者回答了 S 镇村民 2005 年赶跑污染企业,而在之后的几年中又对更大的污染视而不见的现象。研究者这样写道:2007 年,她回到 S 镇,发现这里污染极为严重:垃圾遍地,水源刺鼻。经过调研,她发现污染的原因是由于许多家庭都从事着家庭作坊式的垃圾处理业务。他们处理从其他地方运来的各种垃圾(包括化学品),将废水倒入田地、将废料就地丢弃。更为讽刺的是,当年环境抗争中的不少主力成员,如今却运营着这种更污染的家庭作坊。S 镇人自己也承认,“这些污染早已超过了当年化工园的污染”。但与当年的工业园不同,当地并没有出现针对这些作坊的抗争。为什么会这样?研究者给出了这样两个解释:第一,当年的抗争不影响村民收入,而如今任何抗争都是断了大家的财路。化工园并没有给村民带来什么。超过 1000 名的工人中,只有 20 名是从当地招的。而仅在 2007 年,当地就有超过20000人从事作坊垃圾处理业务。因此，有当地官员说，如果化工园在当地大量招工，也就不会有当年的抗争了。第二，经营作坊的是自己人，经营工厂的则是外人。亲朋好友，邻里邻居，七大姑八大姨，谁家做点什么生意大家都不好意思反对。而相应的，化工园中的工厂是外来的污染源，当然比较好抗争。① 这则研究也印证了我们的观点：不能简单地用环保主义来解释农民环境抗争的目的，最少在很多案例中，农民还是更加关注自身的实际利益。

有学者通过对上海某城区的个人行动者的环境意识与环境行为、环境行动的研究表明，个人行动者既是污染者，同时也是受害者。也就是说，他们一方面进行着不折不扣的环境维权，反对“小区垃圾房”的建设；另一方面他们在日常生活中并没有比他人更少制造各类垃圾。②

因此，不能把农民的环境抗争简单地理解为环保意识的提升，在抗争维权过程中，利益求偿仍然是农民环境抗争的主要目标。

① Deng, Y.H., & Yang, G.B.. Pollution and Protest in China: Environmental Mobilization in Context. China Quarterly, 2013, pp.214, 321-336.

② 王芳：《行动者、公共空间与城市环境问题——以上海A城区为个案》，上海大学社会学博士学位论文，2006年，第32—91页。

# 第三章　不满情绪、争取权利与集体抗争

在学术界，关于集体抗争的原因分析已经形成了四种代表性的理论，即挫折—反抗理论、道义经济理论、理性选择理论和资源动员理论。

挫折—反抗理论和道义经济理论都强调不满情绪与参与集体行动的因果关系，例如，有学者指出："中国下岗工人的抗议活动是由这些工人的生存危机引起的，这些工人发现他们的生存伦理受到了侵犯。在工人看来，管理者的腐败加剧了他们的经济困难。因此，这种腐败行为强化了工人的不公平感，激化了他们反抗的情绪。"①在农民抗争的研究中，有学者论证了农民的不满与抗争的关系，②还有

① 陈峰：《生存危机、管理者腐败与中国的劳工抗议》，载张茂桂、郑永年主编：《两岸社会运动分析》，新自然主义股份有限公司 2003 年版，第 342 页。

② 王晓毅：《冲突中的社会公正：当代中国农民的表达》，社会学人类学中国网，2005 年 11 月 27 日，http://www.sachina.edu.cn/Htmldata/article/2005/11/649.html。

学者则以"气"指代集体行动中农民心中的怨恨[①]。

在《农民的道义经济学》一书中,詹姆斯·斯科特使用了道义经济的概念来解释资本主义发展过程中农民的生存、保障、福利损害引发的抗议,他认为,前资本主义社会的农村中广泛存在的是一种互惠的庇护主义关系,作为庇护人的地主以其部分财富作为农民对其合法性的承认。这种庇护主义关系涉及两大主题:第一,当地主、放债人或政府侵害了被认为由文化界定的最低限度的生存水准时,他们对农民收入的盘剥被认为是不合理的;第二,分配土地产品的方式,应当确保一切人都处于适当的生存地位。[②] 一旦这两个主题遭到破坏,农民的抗议将在所难免。詹姆斯·斯科特认为,剥削和反叛问题不仅仅是食物和收入问题,而且是农民的社会公正观念、权利义务观念和互惠观念问题。[③] 也就是说,贫困本身并不是农民反抗的原因,农民商品化和官僚国家的发展所催生的租佃和赋税制度,侵犯了农民生存的伦理道德和社会公正感,迫使农民铤而走险,奋起反抗。

理性选择理论则坚持行动选择是对各种行动进行成本—收益的理性计算以后做出来的,行动者将选择具有最大价值的行动。例如,有学者明确指出,剥夺或者不满并非下岗工人采取行动的最佳预兆,与集体行动相关的利益、他们对成功的信心、他们对成本

---

① 应星:《"气"与中国乡村集体行动的再生产》,《开放时代》2007 年第 6 期。

② [美]斯科特:《农民的道义经济学——东南亚的反叛与生存》,程立显等译,译林出版社 2001 年版,第 51 页。

③ 同上书,前言第 1 页。

的感觉影响了集体行动参与的可能性。① 在农民抗争的研究中,自詹姆斯·斯科特提出道义经济理论之后,以波普金为代表的诸多学者马上从理性选择的视角对之进行了质疑。在农民的抗争政治研究中,国内的诸多学者都不同程度地受到了道义农民与理性农民争论的影响。

资源动员理论则认为,不满并不是集体行动的决定性因素。随着对集体行动与社会运动理论的介绍逐渐增多,也有学者从这一视角讨论工农抗争。有学者从领导者、组织、动员、策略、资源的重要性等方面对业主维权的动员机制进行了分析与讨论。②

这些理论在解释中国农民抗争各有各的道理。笔者也注意到,在不同的区域,不同的典型冲突事件中,可能农民表现出参与集体抗争的动因是不一致的。这恰恰是中国农民抗争的真实状况。

实际上,这些理论都有一定的适用背景,比如,资源动员理论是 20 世纪 70 年代美国学者提出的,这与那个时期美国社会结构的变化有关系。一方面,美国社会出现了大量的社会组织,他们在资源动员中扮演了组织者的角色;另一方面,六七十年代的美国社会已经不同于 19 世纪末到 20 世纪初的美国社会,社会保持了基本稳定,人们的物质生活有了较大的提升。这也客观为社会运动组织提供了物质与人力资源。

① Cai Yongshun, State and Laid-Off Workers in Reform China: The silence and collective action of the retrenched, New York: Routledge, 2006, p.45.

② 张磊:《业主维权运动:产生原因及动员机制——对北京市几个小区个案的考察》,《社会学研究》2005 年第 6 期。

而在道义农民与理性农民解释范式的争论中，与很多学者非此即彼的观点不同，笔者认为其中的任何一种都无法很好地解释当今我们观察到的环境污染下农民的选择，也就是说，在不同的情景中，农民表现的形态可能是不一样的，因此，综合两者的观点或许更贴近于现实。这一点，也能够从其他学者处得到印证。如Sheppard等指出，不管是理性反应视角还是动态或情感反应视角，在描述人们怎样对不公正感作出反应方面都是正确的，但都只说明了这种反应中的一部分。实际上，我们每个人都同时具有理性反应和动态、情感反应倾向。要想描绘出一幅精确的关于人们怎样对不公正做出反应的图画，需要我们把这两个理论视角整合起来。① 也有学者通过对行动选择的逻辑推演，系统地论述了理性选择与感性选择的区分与联系，强调人的选择行为实际上受到了两者的共同影响。②

当我们回顾农村社会时，必须要考虑到各个区域社会经济状况的差异性，同时，也要考虑到中国社会正处于急剧的社会转型时期。一方面，中国社会正在与国际接轨，中国处于一个全球化的背景中，全球的资讯、价值、理念、知识等已经可以通过各类媒介传入

① B.H.Sheppard, R.J.LewickiandJ.W.Minton, Organizational justice: the search for fairness in the workplace, New York: Lexington Books, 1992, pp. 80-92.

② 刘少杰对理性选择与感性选择进行了理论与现实的分析，对本章颇有启发意义。具体参见刘少杰：《理性选择研究在经济社会学中的核心地位与方法错位》，《社会学研究》2003年第6期；刘少杰：《理性选择理论的形式缺失与感性追问》，《学术论坛》2005年第3期；刘少杰：《中国经济转型中的理性选择与感性选择》，《天津社会科学》2004年第6期。

中国,并已经开始影响中国人的思维与行为方式;另一方面,中国社会,尤其是农村社会,其传统仍然在顽强地延续着,本土的观念、道德意识、行为方式也在影响着中国人的思想和行为。

换言之,在一个快速变迁、复杂的社会中,用一种理论或视角来给农民参与环境集体抗争盖棺定论,难免以偏概全。或许把这些理论工具作为不同环境抗争事件,不同发展阶段的解释或解读工具更接近中国实际。本章主要指出,在农民参与环境抗争的动因中,不满情绪、权利意识和结构性诱因的重要性。

## 第一节　不满情绪与集体抗争

在那些发生了环境抗争的村庄中,是什么原因导致了村民的抗争维权呢? 特纳指出:“集体行为的产生需要某种共同的心理,包括共同的意识形态和思想,或共同的愤恨。这种共同心理形成的关键,是聚众中某个共同规范的产生。”他继而指出:“聚众中的共同规范往往产生于一个不确定的环境中。在规范产生的过程中,一个符号性事件以及与之相伴的谣言往往会起到关键作用。”“只有当一个符号性事件以及相伴的谣言能够引起大众的一致反感时,才会围绕着这一符号产生某个共同看法或规范,并引起一场针对那个符号的反感或仇恨以及相应的聚众行动。”①斯梅尔斯也指出,结构

① 转引自赵鼎新:《社会与政治运动讲义》,社会科学文献出版社2006年版,第63—64页。

性诱因、结构性怨恨、一般化信念、触发性事件、有效的动员和社会控制能力的下降是集体行动、社会运动和革命产生的因素。

反感、仇恨、怨恨是探索集体行动心理机制的重要概念。德国社会学家马克斯·舍勒曾探讨了“怨恨的社会学和现象学”，他认为，“忍无可忍、一触即发的怨恨必然蓄备在如下社会中：在这种社会中，比如在我们的社会中，随着实际权力、实际资产和实际修养出现极大差异，某种平等的政治权利和其他权利（确切地说，是受到社会承认的、形式上的社会平等权利）便会不胫而行。在这一社会中，人人都有‘权利’与别人相比，然而‘事实上又不能相比’。即使撇开个人的品格和经历不谈，这种社会结构也必然会积聚强烈的怨恨。”①

在中国的抗争政治研究中，有学者区分了两种不同类型的怨恨，一种是原生怨恨，一种是次生怨恨。“原生怨恨或者起源于某些特定社会群体在社会变迁和转型过程中的相对地位变动和相伴随的利益损害；或者起源于特定社会群体在社会变迁和转型过程中的非法利益获取；或者是由于制度缺失或制度失效而引发的种种新型怨恨，如环境恶化、社会失信等。而权力机关及其执行部门或其成员在处理和消减原生怨恨中所表现出来的失当、不力或无能，使得公众和受害者对怨恨处理的前景持暗淡预期，最终导致权力机关失去公信力和合法性，由此产生出次级怨恨来。”②

① ［德］马克斯·舍勒：《价值的颠覆》，罗悌伦、林克、曹卫东译，上海三联书店1997年版，第13页。

② 刘能：《怨恨解释、动员结构和理性选择：有关中国都市地区集体行动发生可能性的分析》，《开放时代》2004年第4期。

实际上,关于怨恨与集体抗争之间的关系,也已经有一些研究成果。比如有学者指出,行动的主体并非完全是遵照剧本行动的"木偶式"演员,相反,他们具有主体意识,并容易受歧视、社会不公以及利益受损而产生怨恨集聚,当这种情感压抑接近一定限度时,怨恨就会产生巨大能量而冲破现有的制度框架,衍生出集体行动。① 有学者指出,斯梅尔塞的加值理论特别是他关于集体行为宏观条件形成阶段的因素分析,对于中国社会转型背景下无直接利益冲突的形成具有较强的解释力,而怨恨是影响和决定当前语境下的无直接利益冲突的产生和发展的重要的宏观因素之一。② 有学者认为,怨恨情绪积累是暴力再生产的重要机制。③ 有学者以路易岛的环境抗争为例,指出环境污染导致经济损失是怨恨心理产生的起点,基层政府的不当行为导致怨恨对象由肇事企业扩展到了基层政府,而相对剥夺感和法院不受理导致怨恨心理得以再生产,并不断扩散。④

有学者则以"气"指代集体行动中农民心中的怨恨⑤。"气"

① 杨正喜:《结构变迁、怨恨集聚、共同命运与华南地区工人集体行动》,《社会科学》2012 年第 7 期。

② 朱志玲:《结构、怨恨和话语:无直接利益冲突的宏观条件形成机制研究——基于斯梅尔塞加值理论的思考》,《中南大学学报(社会科学版)》2013 年第 3 期。

③ 邢朝国:《情境、感情与力:暴力产生的一个解释框架》,《中国农业大学(社会科学版)》2014 年第 1 期。

④ 陈涛、王兰平:《环境抗争中的怨恨心理研究》,《中国地质大学学报(社会科学版)》2015 年第 2 期。

⑤ 应星:《"气"与中国乡村集体行动的再生产》,《开放时代》2007 年第 6 期。

是指“现实性社会冲突与非现实性社会冲突融合在一起的一种状态，是人对最初所遭受到的权利和利益侵害，而后这种侵害又上升为人格侵害时进行反击的驱动力，是人抗拒蔑视和羞辱、赢得承认和尊严的一种人格价值展现方式”①。

这里，笔者借鉴原生怨恨和次生怨恨概念，从这两个方面分别探讨它们与环境抗争的关系。

## 一、原生怨恨与环境抗争

在环境抗争中，原生怨恨主要与环境恶化、健康权益受损和经济利益受损等有关。当然，需要指出的是，环境恶化、经济利益受损等是原生怨恨生成的原因，换言之，它们是环境抗争的诱发性因素，直接导致环境抗争的仍然是不满情绪。

### 1. 生活居住环境恶化

第一，自然环境恶化。在我们接触的很多案例中，很多村庄在化工厂、钢铁厂等进驻前是山清水秀、空气清新，溪水中可以戏水、洗衣、洗菜，小河中鱼虾成群。人们的生活虽然不富裕，但很快乐。但是，由于污染企业、工业园区的进驻，往往在不到几年的时间里，河水中鱼虾绝迹，空气中时常弥漫着浓烟，整个村庄、整片山林环境恶化。自然环境的恶化经常让村民们牢骚满腹。

如福建 P 县 X 村村民讲：“我们小的时候，都是在这条河里游泳，没有事情的，现在不行了，有一次，化工厂放毒水，不知道谁家

① 应星：《“气”与抗争政治》，社会科学文献出版社 2011 年版，第 16 页。

的牛凑过去喝了一下,给毒死了。”再比如江苏杨集事件中,村民之所以与化工厂发生冲突,主要是由于村民反映,化工厂投产半年后,附近河流、池塘里的水散发着一股“很呛的异味”,鱼虾几乎所剩无几;距化工厂约400米处的自来水井,供当地上万人畜引用,但由于害怕化工厂“毒水”下渗,当地村民忧心忡忡;离化工厂500米处的鱼塘中的鱼全被毒死;化工厂不远处有个使用公路边河水的浴室,村民洗浴后浑身发痒、头晕,甚至有人当场昏倒在浴池中;距离化工厂南侧约300米处的小学,由于学生难以忍受令人恶心的空气,学生大多转校,最终学校倒闭。

第二,居住质量下降。自然环境的恶化使得经济状况较好的村民纷纷外迁,这不但使得村庄的公共物品供给出现不足,也使得村民们世世代代的人际关系网络和生活方式遭到破坏,客观损害了原有的社会生态平衡。例如,在P县L村,村庄赖以生存的小溪常年受到化工厂废水的污染,导致了一个古村落的不断衰落。我们在2007年8月在该村调研时,该村原村干部告诉我们,现在村子里只剩下七八十人了,他们都是老弱病残,年轻的、有能力的都搬到县城去了,生活也越来越不方便了。

第三,日常生活受到严重影响。粉尘、烟雾、臭水等污染不但对人们的身体造成了很大的损害,而且还会影响到人们的日常生活。由于恶臭,村民们在夏天不敢开窗户,甚至在夜晚会被企业的废气熏醒;由于垃圾等容易腐烂的物质,家中的蝇虫会非常之多;由于烟雾粉尘,容易导致交通事故。

例如河北乐亭县东石村村民介绍:钢铁厂投产一年多来,由于该厂粉尘、烟雾的污染,能见度锐减,司机经常迷眼,引发人身伤亡事故屡见不鲜。在炎热的夏天，村民不敢开窗户，不敢在院子里吃饭。

2. 身体健康受损

在环境抗争运动中，很多的抗争源于对身体的关注，或者说是重新关注身体的意义。

第一，头晕、脑涨等一般症状发病率增加。由于受到了“三废”的影响，受污染村庄的村民经常出现头晕、脑涨、腹痛、恶心、呕吐、肩背腰痛、胸闷、心烦、干咳、呕吐、皮肤瘙痒、眼酸流泪、记忆力衰退、头发脱落等症状。

2004 年，厦门大学绿野协会组织了大学生绿色营，在福建 P 县 X 村住了半个月，专门调研环境问题，并就头晕脑涨等一般病症与 X 村附近的孔源村（该村未受化工厂污染）专门进行比较研究，调研发现：在 X 村，54.2% 的村民“头痛”（孔源村 20%）、56.7%的村民“头昏、发晕”（孔源村 26%）、40.6%的村民“咽喉发干”（孔源村 4.2%）、18.3%的村民“咽喉疼痛”（孔源村无人有此症状）、37.5%的村民“咳嗽”（孔源村 6%）、33.3%的村民“鼻部干燥”（孔源村 2%）、29.8% 的村民“鼻部有刺激感”（孔源村 4.4%）、36.6%的村民“流涕”（孔源村 8.1%）、31.2%的村民“鼻塞”（孔源村 8%）、27.3% 的村民“嗅觉降低”（孔源村 4.1%）、29.4%的村民“眼睛怕光”（孔源村 6%）、36.3%的村民“流泪”（孔源村 12%）、24.4% 的村民“眼睛有刺激感”（孔源村 4.1%）、44.2%的村民“眼睛模糊”（孔源村 24%）。X 村的村民的平均健康得分为 162.91 分，其中最大值 210 分，最小值 77 分。对照组（孔源村）的村民的平均健康得分为 197.88 分，其中最大值 210

分，最小值170分。X村村民近五年来的平均医药费约为779.15元；孔源村村民近五年来的平均医药费约为538.44元。① 由此可见，X村的村民的常见症状发病率、平均医药费明显高于对照组孔源村，而且健康水平则明显低于孔源村。

河北乐亭县东石村案例中，446名村民在联名上访信中这样描述自己所受的身体侵害：顺风头烟尘笼罩整个村庄，令人喘不过气来，患呼吸系统疾病的村民明显增多，原有此症的日益严重；劳累一天的村民晚上休息时，时而传出震耳欲聋的轰隆声、超分贝的噪音彻夜侵扰着村民，致使村民饱尝头痛、无力、失眠等精神痛苦。

第二，癌症患者增多，征兵体检不合格。在农村，生活支持系统是比较脆弱的，如果家里有一个人得了癌症，常常会使得整个家庭陷入生存危机。同样，在经济不发达的农村，参军入伍不但是一件很体面的事情，也关系到家庭的生活状况的改善。因此，如果污染导致了癌症患者的增多、征兵体检不合格，往往会使得村民陷入生存危机，而且癌症也往往会造成村民的恐慌情绪。

福建P县X村是一个有3000多人的村庄，村里有一个叫宋延寿的村民自制了一本《X村阳间阴簿》，记录了1984年至今X村的死亡名单和原因。据统计，1985—1989年，该村没有患癌症

① 本次问卷调查有效样本总数是149份。其中：X村99份，占总数的66.4%；孔源村50份，占总数的33.6%。对两个村村民的健康得分进行问卷调查，问卷中每一个症状后对应五个选项并赋予相应的分数：经常（1分）、较常（2分）、一般（3分）、偶尔（4分）、无（5分）。将每个样本的所有症状得分相加，即得出其健康总分，得分越高，则健康状况越好。资料来源于：《绿色营调查报告》，厦门大学绿野协会，2004年8月。

死亡的村民;1990—1994 年死亡 13 人,其中癌症 1 人,占死亡率 7.7%,平均寿命 68.3 岁;1995—1998 年死亡 14 人,其中死于癌症 4 人,占死亡率 28.57%,平均寿命 67.8 岁(包括一病故的 92 岁老人);1999—2001 年死亡 24 人,其中癌症 17 人,占死亡率 70.83%,平均寿命 59.7 岁。这意味着自 1994 年化工厂投产后,村民因患癌症而死亡的比例在迅速增长。再从该村适龄青年的征兵情况来看,1987 年到 1994 年,每年都有一两人应征入伍。但是 1995 年之后,征兵体检无一人合格。①

第三,后代健康受到了影响。每一个家庭都希望自己的后代健康活泼,可是由于长期的污染,可能会导致畸形和死胎现象增多,在农村,刚发生污染的时候,大家一般都意识不到这个问题,但是随着受害经历的增加和有关此类信息的传播,村民就会开始关注此类情况。经济条件稍微允许的家庭会暂避他乡去生孩子,但是即使如此,生完孩子后还是要回乡村中来。除非举家迁出,否则大多数时间都要生活在村庄中。因此,长时间的污染总会或多或少的对胎儿、孩子的健康等造成严重的影响。

如在河北乐亭县东石村案例中,村民在上访信中这样写道:孕妇为了下一代健康,只好远走他乡,过着痛苦的流离生活,我村孕妇涉嫌受有毒烟尘侵害,产前作 B 超检查发现 7 人怀有残疾与畸形儿,被迫做掉。

畸形死胎的情况在 D 市 S 镇也有出现,如村民蒋花的婆婆这样说:“2004 年农历六月,蒋花经过检查,发现胎儿大脑畸形,只好

① P 县案件一审官司中,原告提供的第 5 组证据的相关部分。

堕胎。护士长说胎儿大脑畸形,与空气污染有关。"据村民介绍,2004年,类似情况共有5例。曾经在D市"4·10"事件中看守大棚的老王也表达了对于孩子健康的关注:"孩子死了也就算了,尚在的孩子健康让人担心呀!化工厂、农药厂在夜里排出大量的废气,难闻刺鼻又刺眼,特别在闷热的天气,化学气体不易飘散,有时刺激得孩子们睁不开眼睛,泪水直流。我们大人心疼啊!污染,让镇上的小孩子们经常咳嗽感冒,而且特别难治。"①另一村民反映,"化工厂、农药厂常常排出大量的废气、废水,发出难闻的气味,刺鼻又刺眼。特别在闷热天气,化学气体驱之不散,在严重的时候刺得孩子们睁不开眼睛。"②

3. 经济利益受损

第一,经济作物受损。河北乐亭县东石村村民在上访信中这样写道:"钢厂烟尘辐射四周1500米以远,农田受害面积2000余亩,小麦和土豆损失30余万元(土豆地膜覆盖,烟尘覆盖了地膜,失去采光功能,地温上不来)。蔬菜不卫生,失去商品价值,果树更惨,严重地块绝产,一般地块腐烂、畸形,损失30多万元,以上只是当年的直接损失,间接损失难以估量,如树今年花芽受损,明年影响结果,地力减退等。"③从数次访谈与实地调研的经验推断,村民的上访信中关于损失具体数额的估算的随意性较大,但是,关于

① 周益:《污染引发冲突事件调查 S镇一年生了五个怪胎》,2005年4月27日,新浪网,http://finance.sina.com.cn/xiaofei/puguangtai/20050427/16281556353.shtml。

② 宋元:《浙江D市环保纠纷冲突真相》,《凤凰周刊》2005年第13期。

③ 资料来源于中国政法大学污染受害者法律帮助中心援助档案。

损失的状况描述，如花芽受损、蔬菜商品价值减弱等基本是可信的。

D 市 H 村，有村民反映："由于污染，菜都种不起来，小麦、水稻、油菜都长不好，有的人家颗粒无收。山上的松树开始不发芽，果树往往只开花不结果。"①西山村的王某是个苗木大户，三年来他的苗木已经死了一万多株。而原来二毛钱一斤的青菜，在当地涨到了一元五毛。

第二，房产价值降低。受污染的村庄大多距离排污企业较近，这直接影响到了村民的地产价值。例如 X 村原本是该县的中心地带。自从化工厂 1994 年建厂投产之后，X 村村民的房子就租不到好的价钱了。现在与该县其他区域的房产的地价相差巨大。村民告诉我们，一幢 3、4 层的小楼 4 万、5 万元就转出去了，在 P 县与之相差不多的其他地段，由于没有化工厂的污染，这样的小楼要卖到二三十万元。我们访问了离化工厂最近的几户村民家，发现他们大多不是本村的村民，而是外地来此谋生的农民工。后来，专门询问了 X 村的村民，村民说：本村的村民不敢住在那里，怕毒气。外地来的人图房子便宜，就住下了。由于化工厂近在咫尺，X 村村民的房子很难卖出去，租也租不上好的价钱。

农民为什么抗争？他们为什么会组织在一起，进行集体抗争？Migdal 认为，"农民的行为和农村的制度至少在某种程度上是对

① 宋元：《浙江 D 市环保纠纷冲突真相》，《凤凰周刊》2005 年第 13 期。

来自外部世界的压力所作出的反应。由于农民处于从属地位，他们尽可能避免参与不够稳定的社会制度，这导致了当地社会和政治制度朝着自给自足和与外界力量相互隔绝的方向发展。但是，农村和农业生产对自然的依赖性，造成了对抗自然灾害的能力较低，一旦灾害发生，就会引发经济危机。……农民家庭对这种危机有着各不相同但十分强烈的感受。贫穷农民对这种危机的反应是到外部寻找机会”。① 与灾害发生导致的经济危机类似，环境污染导致的生存危机。

当环境危机、身体健康损害和利益损害超过了农民的忍受能力的时候，农民就会铤而走险，走上抗争的道路。比如，在福建P县事件中，2002年3月12日，领头人章金山收到《方圆》杂志关于R化工厂报道的第二天就到县政府前面的大街上大张旗鼓地打出“还我们青山绿水”的横幅，以宣传这本杂志的机会向社会寻求控告化工厂的募捐。当时，有很多人纷纷捐款。“还我们青山绿水”是一种朴素的道德诉求，其基本逻辑是，化工厂侵害了我们的农田、山地，破坏了村庄的记忆，那么你化工厂就应该对这样的破坏负责，我们只要以前的青山绿水，如果你不能给我们，那就要给予我们一定的经济补偿。也就是说，农民实际上是从道德合法性的角度考虑问题的，这样一种道德显然是受制于所处文化中的基本价值观念。例如，在传统文化中，我们通常还是强调报应、“欠债还钱、杀人偿命”，这与现代的法律合法性是不同的。后者，更加

① 转引自谢岳：《抗议政治学》，上海教育出版社2010年版，第5—6页。

讲求的是证据。积极分子们这样定义“还我们青山绿水”：我们不反对现代化，不反对工业文明，我们也不要求工厂关停并转，但是，我们要求一个公开的、透明的、实事求是的检测真相，我们要求工厂的生产、扩建能与P县的绿色植被共荣共存。我们只是为了要回我们的青山绿水。① 因为这样一种行动框架契合了普通村民心中的“我们受到了生存危机”的原生怨恨，也容易引起村民的共鸣。

## 二、次生怨恨与环境抗争

一般而言，村民在发现了污染问题的时候都会首先找污染企业交涉，希望它们能够不要排放废气、废水，污染农田河流，并会要求对受损的作物进行经济补偿。在污染损失得不到补偿的情况下，村民就会向地方政府投诉，希望他们能够制止污染。如果有关地方政府部门行政不作为，或处置失当，或处置不力，那么无疑会强化村民的不满情绪。这种不满情绪常常是导致更为激烈的抗争的原因。“农民的生活世界与公共权力已经紧密地结合在一起，甚至在农户之间的冲突也经常会引起公共权力的介入，因此对公共权力的不满逐渐成为抗议不公正的焦点。”②

当然，不满情绪的产生并不是仅仅由于地方政府的行政不作为，事实上，在与污染企业进行沟通的时候，这样一种情绪也

① 杨建华：《还我们青山绿水》，《方圆》2002年第3期。

② 王晓毅：《冲突中的社会公正：当代中国农民的表达》，社会学人类学中国网，2005年11月27日，http://www.sachina.edu.cn/Htmldata/article/2005/11/649.html。

会生产。尤其是当污染企业的厂长、经理在面对村民的抗议而采取强硬方式的时候。但是,由于地方政府对于企业的污染问题负有不可推卸的监管责任,因此,几乎所有的案例中,村民都会选择投诉、上访等形式中的一种或多种。这个时候,政府的处理态度与结果直接影响到了农民对整个事件的判断。因此,怨恨情绪与政府对问题的处置相关性更强,诸如官僚主义、失信于民等都会加深农民的怨恨感。

1. 政府机构相互推诿

据《辞海》的解释,官僚主义是"指脱离实际、脱离群众、做官当老爷的领导作风。如不深入基层和群众,不了解实际情况,不关心群众疾苦,饱食终日,无所作为,遇事不负责任;独断专行,不按客观规律办事,主观主义地瞎指挥等。有命令主义、文牍主义、事务主义等表现形式"。在一些环境冲突的案件中,诸如相互推脱,踢皮球的事情并不少见。这导致了农民的不满情绪,是引起进一步抗争的重要原因。例如在 P 县案例中,当村民就环境冲突进行上访的时候,县里相关部门领导存在相互扯皮、推脱情况,使得农民觉得地方政府与污染企业串通,而对体制内的途径失去了信心,最终导致了其采用激烈的方式。

2. 政府官员失信于民

以河北乐亭案件为例,据相关资料:2000 年 5 月 16 日,村民又一次找到环保局,环保局领导说,5 月 22 日去钢厂检测,解决污染问题。一传十,十传百,到了 5 月 22 日上午,村民自发地来到钢厂门口等待环保局到来,到了 9 点多钟还没有来,几名村民又去了环保局,最终未能说服相关官员前去执法。村民扫兴而归。等待的村民愤怒了,在求告无门的情况下,为了维护自己的合法权益,迫不得已,堵了钢厂的门。下午 4:30 分左右因双方没达成一致,村民的要求没有得到解决,又去钢厂停了炉,第二次停炉是在县、镇领导做工作,群众离开场区时,有一名妇女说:"你们不停产,还生产,把我们呛死咋整"? 在场的一名干部回答:"呛死给你们偿命去。"他的话引起了一片哗然,激愤的村民第二次停了炉。

由于次生怨恨的缘故,农民对一些地方政府官员产生了不满情绪,他们并没有证据能够证明地方政府官员是否存在所谓的权钱交易,但是他们在反映情况或上访过程中,一旦地方政府相关部门官员行政不作为,他们通常都会产生这样一种朴素的认识,即这些官员是贪官污吏,"他们不管我们的死活"。例如,在 P 县事件中,在村民中就存在着这样的认知。有村民甚至说,"政府是化工厂养着"。实际上,村民的很多认知未必正确,很多官员也希望能够保护环境,并做出了努力,但是,村民在认知上只会从自己的利益出发,更加关注的是结果的公正。

对于普通村民心中的这样一种社会不公平感,积极分子们同样发展出了一套独特的劝说逻辑,即我们集体抗争也是为了揭发贪官污吏。这套逻辑的基本内涵是:个别地方政府官员官商勾结,而中央政府并不知道,因此,我们要通过集体抗争使得中央政府认识到这个问题,以惩治贪官污吏。这样劝说的逻辑由于契合了一般村民的社会怨恨和社会不公正感,因此是非常有效的。

## 第二节　权利意识与集体抗争

在《公民权与社会阶级》的讲演中，社会学家马歇尔把公民权区分为民事权、政治权和社会权三个基本范畴。民事权是“由个人自由必需的各种权利所组成，包括了人的自由，言论、思想和信仰的自由，占有财产的权利和缔结有效契约的权利，以及寻求正义的权利”；政治权意指，“作为一个机构的成员被赋予政治权威，或者是作为此种机构成员的选举者，参与履行政治权力的权利”；社会权是指，“从享受少量的经济和安全的福利，到充分分享社会遗产，以及作为一个文明人，按照社会中通行的标准而生活的权利。其中最密切相关的制度是教育系统和社会服务”①。马歇尔认为，公民权是一个历史范畴，民事权、政治权和社会权是依次出现的。由于马歇尔关于公民权实现顺利的结论是在特定社会文化背景下才能成立的，因此，学者们在中国的语境下指出，“第一，正如公民社会本身一样，公民权也是在中国历史上付诸阙如的社会范畴。公民权的产生与中国走向近代社会密切相关。第二，新中国成立后，首先建立的是针对城乡居民的部分社会权，而民事权和政治权则高度残缺。第三，改革开放后，公民权范畴发生了深刻变化，主要表现为民事权的上升，社会权的下降，而政治权略有成长。”②

① 转引自沈原：《市场、阶级与社会：转型社会学的关键议题》，社会科学文献出版社 2007 年版，第 284—285 页。

② 同上书，第 331 页。

那么,农民的抗争主要是因为社会权而抗争,还是因为政治权而抗争呢? 我们认为,目前大多数的环境抗争都是因为社会权而抗争,但是也不排除,在长期的环境抗争运动中,一些抗争积极分子具有了为政治权而抗争的意识。

## 一、为社会权而抗争

陈峰指出,中国的底层抗争具有"道义经济型抵抗"的特征,道义经济型反抗通常被认为是以防守或者恢复为目标,这种抗争更多和传统、道德联系在一起。① 比如,他指出"中国下岗工人的抗议活动是由这些工人的生存危机引起的,这些工人发现他们的生存伦理受到了侵犯。在工人看来,管理者的腐败加剧了他们的经济困难。因此,这种腐败行为强化了工人的不公平感,激化了他们反抗的情绪。"②裴宜理也认为,中国自孟子到毛泽东所重视都是人民的生计权利,那是不同于西方的以个人自由为基础的权利传统。③

① Chen, Feng, "Industrial restructuring and workers' resistance in China", in Modern China, Vol.29, No.2, 2003, pp.237-262.

② 陈峰:《生存危机、管理者腐败与中国的劳工抗议》,载张茂桂、郑永年主编:《两岸社会运动分析》,新自然主义股份有限公司 2003 年版,第 342 页。

③ 何明修教授在邮件讨论(2007 年 11 月 3 日)中提醒笔者关注裴宜理教授关于"生计权利"的观点,原文如下:"但是更根本的问题,中国人民要维护的是哪一种权利? 如果中国没有西方以个人自由为基础的权利传统,那么维权又是要维护哪一种权利? 我最近听一场 Elizabeth Perry 的演讲,她说中国自孟子到毛泽东所重视都是人民的生计权利,那是不同于西方的传统,也常造成西方的误解。"

社会权又称生存权或受益权,它是指公民从社会获得基本生活条件的权利,主要包括经济权、受教育权和环境权三类。社会权概念有两层含义,一是公民有依法从社会获得其基本生活条件的权利;二是在这些条件不具备的情况下,公民有依法向国家要求提供这些生活条件的权利。与政治权、人身权等权利不同,社会权的实现更依赖于国家的积极作为。

我们将通过收集到的农村环境抗争案例分析,农民环境抗争主要是为了社会权或者生计权利。从农民集体行动过程中的使用的标语以及上访信中,最能反映出农民抗争背后的文化逻辑。

**案例:浙江 D 市事件中的标语与宣告**

拆基还田,有田有粮,有粮有命,为了下一代(幸)福,要田不要钱,下定决心,不怕牺牲,排除万难,团结一致,坚持到底,争取胜利。

H 村村民,起来吧,为了生存而维权,不(屈)不(挠),前仆后继,坚持到底,死(誓)把毒厂赶出为止,这是每个村民(……)义务,确保子孙后代身体健康,而为……

(注:这是写在一条红布条上的,有的无法辨认清楚了)

素有狮山画水之称的王坎头,由于有十几个化工农药等厂的严重污染,现是臭气、毒气冲天,山在哭,庄稼死,勤劳善良的王坎头附近几万父老乡亲,在慢性中毒后走向鬼门关,有几百年文明史的王坎头及附近将遭灭族之灾,太可悲也!!

……

> 我们虽手中无权，但我们求生存，求人权，不打、不抢、不放火，我们是正义的，我们是被迫的，我们是无罪的，只要我们万众一心，团结一致，有钱出钱，有力出力，坚持到底，我们的正义行动一定能够战胜邪恶。最后胜利一定属于人民。

在这些标语与宣告中，农民多次直接使用了求生存的话语。而且，其诉求表达也是非常明确，“为了下一代(幸)福”“确保子孙后代身体健康”。也就是说，面对环境污染，村民之所以抗争维权，是由于环境污染导致了严重的生存危机，使得农民的生存权利受到了威胁。

受到环境污染并引发了冲突的村庄的村民生活、健康和经济收入等状况的描述充分展现了村民的生存状态，而农民在集体行动过程中使用的标语、口号等则真实地体现了农民参与抗争的原因。

生计权利是导致环境抗争的重要原因，也得到了一些学者呼应，比如杨继涛分析了一个因乡村资源开放农民利益受损而发生的村民与开发商的冲突，证明了因为日常生活逻辑与制度性逻辑的不一致，导致弱势的农民与开发公司的冲突。① 郎友兴以发生在浙江D市与新昌县两起农民暴力抗议环境污染事件为个案，探讨商议性民主与公众参与环境治理的关系。他认为地方政府、企业与农民价值利益的冲突，以及公共决策制定与执行的缺失是引

① 杨继涛:《知识、策略及权力关系再生产:对鲁西南某景区开发引起的社会冲突的分析》,《社会》2005年第5期。

发此类环境不正义事件的原因。他指出,"目前中国多数的环境抗争事件还没有发展到处于社会正义之理念的地步,仍囿于自我权益维护之范围"①。有学者则明确强调生存权利与环境抗争的关系。如景军在对两个个案进行深度分析后指出:1979 年中国第一部环境法的颁布不仅仅为环境保护提供了一个合法的基础,也强化公众寻求强力的、甚至是暴力的环境抗争的基本的权利意识。这样的抗争又常常采取丰富的、有传统社会运动特点的文化形式。在草根层次的抗争动员过程中,亲属关系、宗教、道德意识、传统的公正观这些制度性的象征性的资源常常被采用。他认为环境抗争与其说是为了追求更好的生活,不如说是为了保护自己生存环境。②

回到权利意识的话题,无论是生计权利也好,公正观也罢,本质上还是体现了社会权利意识。比如有学者指出,"中国的许多环境上访和环境群体性事件,既与人民所实际体认到的物理性的客观环境遭到污染、破坏乃至生态危机的事实直接相关,更与民众对资源利益与环境后果的分配与承担的制度安排与操作是否公平的感受及认识密切相关"③。因此,从某种意义上,农民的环境抗

① 郎友兴:《商议性民主与公众参与环境治理:以浙江农民抗议环境污染事件为例》,"转型社会中的公共政策与治理"国际学术研讨会论文,广州,2005 年 11 月 19—20 日。

② Jing, Jun., "Environmental Protests in Rural China". in *Chinese Society: Change, Conflict and Resistance* edited by Elizabeth J. Perry and Mark Selden, London: Routledge, 2003, pp.143-160.

③ 李春燕:《中国农民的环境公正意识与行动取向——以小溪村为例》,《社会》2012 年第 1 期。

争与公正感密切相关，但这种公正感并不能理解为马歇尔所讲的公民权中的民事权利，其中蕴含着更多的中国传统的一报还一报的观念。

## 二、为政治权而抗争

耶林曾写过一本书——《为权利而斗争》——提出了权利的本质在于斗争这一主张。从上述分析中可以看出，为社会权而斗争，在农村社会中的环境抗争中是比较普遍的，这种社会权主要体现为基本的生计权、健康权与环境权。当然，另一些学者也指出，农民已经出现了有组织的抗争，并且农民的抗争已经发展到了“以法抗争”的阶段，比如于建嵘等。农民有组织的以法抗争实际上隐含着，农民已经在为政治权而抗争的思路。回到农民的环境抗争，我们并不认为，为政治权而斗争已经成为农民环境抗争的普遍现象。但是，也需要认识到，在长期的环境抗争过程中，农民尤其是个别抗争积极分子会出现争取政治权的萌芽思想。

**案例：福建 P 县事件**

章金山是福建 P 县事件中的抗争积极分子，围绕环境抗争，他可以说是坚持斗争了十余年。从他的心路历程来分析，不排除他已经有了争取政治权的基本想法。

章金山是这样回忆他初走向抗争路程的经历：

1983 年，我就在寿山乡降龙村开私人诊所了，1989 年年底，我把诊所移到了 X 村（位处 P 县郊），家里条件也可以，与村民熟悉后，来看病的人也就多了，什么头晕、脑涨、恶心的，很多，那个时候，R化工厂二期工程刚刚投产，生产规模增加了，大家都在讨论化工厂的污染，我也觉得两者之间有联系吧。化工厂污染了我们，就觉得它应该对我们村民负责。

这是2007年在P县调研时访谈章金山的一段话。在这段话中，看得出来，在刚开始加入环境抗争的时候，环境抗争积极分子章金山主要还是基于传统文化中公正观，即"你污染了我们，应该对我们负责"。

2002年后，章金山发起了集体诉讼，2004年，成立P县绿色之家的环保组织。2010年，章金山出席了在北京的中华环保组织可持续发展年会，他参会的身份是P县绿色之家会长，在与他的对话过程中，明显感觉到他的政治权意识。他所参与的环境抗争也不仅仅是反对R化工厂一个事件，而是开始关注P县整体的生态环境，并且已经谋求过村长的选举。他多次给县、市领导写信，反映P县环境与生态污染的相关问题，并提出了一些有建设性的建议。

为什么章金山会发生这样的转变呢？这与章金山与国内的环保组织、维权律师、学者等不断地沟通与交流有关系。笔者统计，2004年3月后，章金山首次作为污染受害者代表参与了中国政法大学污染受害者法律帮助中心与日本环境会议联合在日本熊本大学召开的环境纠纷处理研讨会。此次会议之后，截至2007年7月章金山总共参与了国内外各种NGO机构组织的活动16次，2004年3次，2005年7次，2006年上半年6次，有时候是作为演讲嘉宾，有时候是参加培训会。这表明章金山及其所代表的机构已经成功地被吸纳到环境网络中了。这些组织的介入以及章金山不断地参与环境领域的会议过程中，不但丰富了章金山等人的社会资本，也提升了章金山本人的权利意识。

这一点，在一些学者的著作与论文中也有所体现，比如顾金土在其博士论文《乡村工业污染的社会机制研究》中把环境维权作为治理工业污染的一个重要手段。通过对三个抗争案例的分析，他总结了村民的四类维权途径，如上访、媒体公开、私力救济与司法诉讼，同时他还指出环境维权者已经产生了环境正义观。① 应星在研究中也指出，“抗争政治对参与抗争特别是组织抗争的草根行动者很可能会产生巨大的影响。抗争政治会改变其观点、信念和交往，影响到他们的心灵、思想和社会身份，甚至成为其人生的分水岭。这种影响体现在草根行动者今后对抗争行动的选择上，有三种路向”。这三种路向分别是退隐、续进和待机而动。他认为，“草根行动者开始从具体的抗争行动上升到抽象的权利斗争，此可称为‘抽象提升的续进’。这种形态主要是草根行动者根据所置身的抗争政治的遭遇，开始从最一般意义上的公民权利来思考问题，有的甚至提出了一些政治激进主义的主张。”②

① 顾金土:《乡村工业污染的社会机制研究》，中国社会科学院博士学位论文，2006 年。

② 应星:《“气”与抗争政治——当代中国乡村社会稳定问题研究》，社会科学文献出版社 2011 年版，第 211—212 页。

## 第三节　结构性诱因与集体抗争

按照斯梅尔斯的加值理论,结构性诱因也是导致集体抗争的重要因素。那么,在环境抗争中,这种结构性诱因是什么呢? 以下两种因素表面上与农民的集体抗争没有关系,但深层意义上,都是引发农民参与环境集体抗争的结构性诱因。一是社会不公,主要是收入分配不公平,导致强烈的相对剥夺感;二是信任的流失,尤其是对公权力的不信任。

1. 收入分配不公与农民的集体抗争

改革开放以来,中国经济取得了巨大的成就,这一点是有目共睹的,但与此同时,中国的收入差距也迅速拉大,从世界上最平均主义的国家一跃成为世界上收入差距最大的国家之一。1993 年,中国的基尼系数达到 0. 43,突破 0. 4 的国际"警戒线",2007 年基尼系数为 0. 475。① 另据中国家庭金融调查与研究中心(简称 CHFS)举办了《中国家庭金融调查报告》专题发布会最新公布的数据显示,2010 年中国家庭基尼系数为 0. 61,城镇家庭内部的基尼系数为 0. 56,农村家庭内部的基尼系数为 0. 60。② 从历史上看,农村的基尼系数也始终高于城市的基尼系数,这意味着农村内

① 陆学艺主编:《当代中国社会结构》,社会科学文献出版社 2010 年版,第 177 页。

② 苏曼丽:《中国家庭基尼系数 0. 61》,《新京报》2012 年 12 月 10 日,http://news.163.com/12/1210/04/8IBADKAO00014AED.html。

部的收入差距更大。此外，城乡收入差距比也从 1978 年的 2.47：1 扩大到 2007 年的 3.33：1，2000—2008 年，农村 20%的高收入群体的人均纯收入差距倍数也从 6.5 倍扩大到 7.5 倍。①

同时，一项关于《中国如何看待当前的社会不平等》的研究也表明，有 40.1%的受访者认为全国范围内的收入分配差距太大，31.6%的受访者认为有些大。在工作单位内的收入差距的认识上，有 12.5%的受访者回答太大，27.1%的受访者回答有些大；有超过 60%的人认同“穷人越穷、富人越富”。②

中共中央组织部党建研究所调研室课题组指出，农民收入下降、城乡矛盾扩大和农民负担过重等结构性原因同样会引起干群矛盾。“国家明文规定，农民负担不得超过当年农民纯收入的 5%。自 1991 年至 1999 年，由中办、国办下发和中央国家机关部门下发及全国人大下发的有关文件、法规达 76 个。但一些基层干部巧立名目加重农民负担。”据调查，加重农民负担主要是以下几种情况：一是搞虚报、造假而增加群众负担，二是“三乱”现象，三是债务负担。③

在日常生活中，很多老百姓直觉认为，造成收入分配差距的主要原因是制度性不公平，这就导致了社会上泛化的仇富心理和仇富心态。而且，由于长期收入分配差距过大，社会整体风险也在加

① 陆学艺主编：《当代中国社会结构》，社会科学文献出版社 2010 年版，第 178 页。

② 怀默庭：《中国民众如何看待当前的社会不平等》，《社会学研究》2009 年第 1 期。

③ 中共中央组织部党建研究所调研室课题组：《正确认识和处理新形势下人民内部矛盾》，《马克思主义与现实》2001 年第 2 期。

大。这也是导致各类抗争事件不断发生的结构性原因。这样一种结构性不公平感,很容易在触发性事件中得到释放,引发抗争性事件,这也包括了环境抗争事件。

2. 信任的流失与农民的集体抗争

信任危机、信用危机、诚信危机频繁见诸各大报刊、新闻媒体,也成为百姓日常生活中的主流话题,失信问题已成为制约中国社会经济进一步发展的瓶颈。

英格哈特于1990年主持了世界价值研究计划,结果显示中国有超过60%的人相信大多数人值得信任;1996年英格哈特新一轮的调查,仍有超过50%的人相信大多数人值得信任。1998年,王绍光等人的调查显示,只有30%的人相信大多数人值得信任。① 信任的流失导致了大家不愿意相信陌生人,而退回到熟人关系的人际信任中。尤其是当对方损害或可能损害了自身的利益的时候,由于信任的流失,双方将很难从容地坐在一起进行商谈,达成共识。双方更容易采取直接抗争的形式去维护自己的权益。

从大量的新闻媒体的报道中,我们也看到了,由于个别公权力的蛮横与无理,老百姓对公权力便表现出不信任。比如,对于"官二代""富二代"的社会问题,即使地方政府是本着解决问题的态度去调查公布相关的结果,也很难取得老百姓对地方政府公布结果的认同。在一些普通百姓中已经形成了一个基本的逻辑:官员必然站在"官二代""富二代"一边,他们的调查结果都是不可信

① 王绍光、刘欣:《信任的基础:一种理性的解释》,《社会学研究》2002年第4期。

的。如果一个社会中，有越来越多的老百姓开始表现出对公权力不信任，其后果是很严重的。一旦出现了对政府的不信任，集体抗争将更容易发生。比如，在环境抗争中，但政府部门介入原本针对企业污染的集体抗争时，如果老百姓对公权力很信任，不满的情绪就容易得到控制，如果老百姓对公权力不信任，那么政府出面不但不能息事宁人，而且有可能会火上浇油。老百姓甚至不管地方政府是否秉公处置，也会先入为主的认同政府只会站在强势的企业一方，而不会考虑弱势一方。再比如，当出现了群体性的聚集或者抗议行动时，政府有责任要维持地方的秩序，但是如果老百姓对公权力不信任，无论政府发布怎样的公告，无论政府如何劝导老百姓要保持克制，也未必能有成效。

当然，也有学者指出，“政经一体化”也是诱发环境抗争的结构性原因。比如张玉林以发生在浙江的三起环境群体性事件为个案，提出并具体论证了政经一体化的概念，认为它是农村环境恶化与冲突加剧的深层次原因。政经一体化是指在以经济增长为主要任期考核指标的压力型政治/行政制度下，GDP 和税收—财源的增长成为地方官员的优先选择，这就使得他们与追求利润的企业家结成利益共同体，从而导致污染向农村地区的低成本转移。而当污染发生并严重损害地方民众的生命财产安全之后，他们会继续网开一面，结果受害者也就难以获得被补偿的权利，围绕环境问题的纠纷和冲突也就因此会逐渐升级①。

① 张玉林:《政经一体化开发机制与中国农村的环境冲突》,《探索与争鸣》2007 年第 5 期;张玉林:《中国农村环境恶化与冲突加剧的动力机制》,《洪范评论》2007 年第 9 辑,2007 年 12 月。

除此之外，农民集体抗争的结构性诱因还有很多，比如社会腐败现象、征地拆迁问题等。总体而言，社会矛盾凸显的社会背景都有可能成为诱发农民抗争的因素。

# 第四章　分化的农民与集体抗争

有学者根据全国综合社会调查(2003 年)数据进行研究发现:在中国城镇地区,很多人即使已经受到环境危害,也不会站出来维护自己的利益。在接受访问的 5069 人中,除去未明确作答的 14 人,76.75%(3878 人)报告自己或家人曾经遭受环境危害,但在这些人中,除去未明确作答的 62 人,只有 38.29%的人进行过抗争,而未进行过任何抗争的人高达 61.71%。也就是说,在遭遇到环境危害后,大多数人选择了沉默。有学者因此提出如下问题:在自认为遭受环境危害之后,为什么只有少数人进行抗争,而大多数人则保持沉默?抗争还是沉默的行为差异是什么因素造成的?该学者通过研究发现,一个人社会经济地位越高,社会关系网络规模越大或势力越强,关系网络的疏通能力越强,对环境危害作出抗争的可能性就越高,反之则选择沉默的可能性越高。据此可以认为,中国城镇居民面对环境危害时的行为反应深受差序格局的影响。在遭受环境危害后之所以有抗争或沉默的行为差异,是由于在差序格局下,不同社会经济地位的人通过社会关系网络所能支配和调用的资源不同。①

虽然在农村中无法获得关于环境抗争的宏观数据,但从经验材料判断,“沉默的大多数”的现象同样存在。基于此,本章提出的问题是:在面临同样威胁的情况下,为什么大多数的农民并没有参与集体抗争?冯仕政论文中的社会经济地位、社会网络与差序格局的解释很有启发性,但是他所研究的环境抗争,“基本上是个体行动,而不是集体行动”,“基本上是体制内行为,而不是体制外行为”。② 这与本章研究的“体制外的集体行动”的环境抗争有所不同。因此,我们提出了如下的假设,即在村庄的集体抗争中,一个人社会经济地位越高,社会关系网络规模越大或势力越强,关系网络的疏通能力越强,其参与集体行动的可能性反而越低。基本的逻辑是:由于集体抗争不同于个体抗争,具有很大的政治风险,因此,对于那些在村庄中经济地位高、资源丰富的村民,他们为了保住自己的既有的政治与经济地位,一般不会公开参与抗争。

从这个意义而言,农民并不是一个整体,农民内部的差异是非常大的。而政治地位、经济收入与社会关系资源的不同使得农民在集体抗争的选择上发生了严重分歧。

---

① 冯仕政:《沉默的大多数:差序格局与环境抗争》,《中国人民大学学报》2007 年第 1 期。

② 同上。

## 第一节　政治地位分化与集体抗争

从政治分层的角度而言，村干部无疑属于村庄的政治精英，他们虽然不处于正式的国家管理体制的序列中，但在行使村庄管理的职责过程中，由于长期与基层政府官员打交道，逐渐积累了诸多的体制内资源。同时，他们在落实党和国家惠民政策过程中，也对党和国家的政策最了解，并有资格在村庄进行解释。这使得他们成为区别于普通村民的独特群体。

有学者指出，村干部的作用是双重的、可变的、复杂的，利用他们特别的位置，他们可以使普通村民和村庄的资产受到保护，为村民伸张正义、打击不公，也可以在某种私心的作用下，将村民利益和国家利益置之度外。而村干部的行为差异主要取决于是否能够巩固自己的支配权。他们的支配权一方面依赖于官方体制的授权，另一方面依赖于村庄的群众的认可。① 这是在常态政治下的一种分析，但在抗争政治，尤其在集体抗争中，村干部一般选择不参与。首先，我们从实证材料中分析其扮演的角色，然后解析其原因。

### 一、集体抗争中的村干部角色与行为

在大多数乡村环境抗争案例中，很少有现任的乡村干部公开

① 张静：《现代公共规则与乡村社会》，上海书店出版社 2006 年版，第 85 页。

参与抗争,他们通常会与基层政权保持一致,劝阻抗争的发生,在大多数情况下,他们扮演着乡镇干部的耳目的角色,会及时报告抗争维权事件的进展。

1. 一般情况下,村干部会劝阻村民参与抗争

维持社会稳定是上至中央下至基层政权的重要任务,尤其在中央把稳定作为实际考核地方政府执政能力的标准之一的情况下,基层政权对于稳定更是非常重视。而在村民自治制度实施后,村干部一方面要保证国家有关法律、法令和政策贯彻执行,办理上级政府交办的任务和本行政区域的行政工作,充当上级政府的"代理人";另一方面领导村民自主管理本村事务,成为负责管理乡村大家庭的"当家人"。① 在大多数情况下,代理人和当家人的角色之间并不存在冲突,村干部也会在两种角色之间保持微妙的平衡。但是在诸如集体抗争、集体上访此类涉及地方稳定等敏感问题上,上级政府通常会要求村委会领导以大局为重,要求其贯彻执行上级决定的相关政策,而若村干部不执行或不予理会,很可能会丧失上级部门的继续支持。比如,在浙江长兴天能事件中,2005年8月16日下午,煤山镇召开党委扩大会议,县主要领导和县处置领导小组其他领导参加会议,煤山镇12个村的村支书和村主任都被要求列席会议。会议明确要求各村继续发扬前阶段良好的工作精神,继续与镇党委、政府保持高度一致,与镇干部联动做好群众工作,与群众沟通好,把群众引导到法律诉求途径上来维护自身

① 徐勇:《村干部的双重角色:代理人与当家人》,《二十一世纪》1997年第8期。

的合法权益。会后，县主要领导、分管领导以及县委办、煤山镇负责人与抗争最为激烈的涧下村村支书、村主任进行了谈话。再如，浙江余杭中泰事件中，中泰街道办事处领导找到在外办企业的南峰村党委书记，希望他能把村里一批批情绪激动的上访村民劝回来。他架不住乡里领导的一再动员，做起了劝离村民的工作。甚至也因为此得罪了不少村民，自己和家里都受到了群众的攻击。①

这也是地方政府在解决集体抗争过程中使用的一般性策略。通常情况下，即便没有基层政府领导的约谈，大多村干部会履行着作为国家的代理人的角色，劝阻集体抗争、集体上访的发生。如果村干部维稳不力，上级党委、基层政府官员也会约谈村干部，要求其劝阻村民集体上访。

2. 村干部也会向基层政权通报情况

在农村集体抗争案例中，村干部除了劝阻之外，通常也会在农民要行动的关键时刻向基层政权汇报情况，有村民则认为他们是“通风报信”。

如在安徽省蚌埠市龙子湖区仇岗村，周围有九采罗、海川等 3 家化工企业和 1 家农药厂。每逢雨季，从排污沟鲍家沟中溢出的污水四处流散，污水过境之处，蔬菜和家禽均受到影响。2007 年 7 月，为了自身的生命健康，张功利和村中 1801 个村民一起，给蚌埠市市长写了一封信，并加盖了 1801 人的手印，集体要求坚决关停

① 王慧敏、江南：《杭州解开了“邻避”这个结》，《人民日报》2017 年 3 月 24 日第 19 版。

这些污染企业，只有包括村长在内的 66 人没有按手印。① 对于该村村干部的行为，笔者曾访谈过民间环保组织“绿满江淮”的一位工作人员，他曾对该村进行了长时间的追踪调研。他向笔者详述了村干部提前向上级领导“通风报信”的几次事件。

2007 年 8 月，省里有调研组要下来检查污染状况，企业为了掩饰污染，把排水沟中多年沉积的黑土用新土填了，老百姓知道后，晚上偷偷把黑土翻出来，拉到省调研组来厂检查必经的路上进行展示，准备给检查组一个“惊喜”，村干部知道后，马上给乡镇汇报了情况。第二天，在上级政府的运作下，检查组被拉到了其他的村庄检查。(访谈录音：VOC20071117)

3. 由于“双重角色”的尴尬性，村干部也可能会采取两边讨好、摆平衡的态度

在农村集体抗争案例中，村干部劝阻村民、向上级政府汇报在案例中比较常见，但是也不能忽略村干部在此类事件中的“柔性运作”。有学者也指出，双重角色是一种过于理想化的想象，在现实生活中，当村干部欲当好国家代理人而不能，欲当好村庄当家人又缺乏基础时，作为一个理性的行动者，村干部会选择在国家与农民这两头之间摆平衡、踩钢丝甚至两头应付的方式，这就造成了村干部在基层政权与农民之间的“双重边缘化”。② 在环境抗争案

① 刘彦：《淮河：一个湖库化病人的咆哮》，《中国新闻周刊》2007 年第 31 期。

② 吴毅：《双重边缘化：村干部角色与行为的类型学分析》，《管理世界》2002 年第 11 期。

例中,由于环境污染对地处该区域的所有村民,无论是干部还是普通群众都具有同等的危害性,村干部也不希望自身生活的环境受到污染,如果他们自身并不牵涉污染企业或污染征地过程中相关利益,他们也有可能对基层政府部门的要求阳奉阴违,甚至暗地支持群众的环境抗争维权。但在大多数情况下,由于国家代理人的身份,他们一般不会公开参与抗争维权或抗争事件。

如在福建 P 县案例中,X 村党支部书记就自述他很同情受害村民,同时强调自己也是污染的受害者之一,在章金山等人发起的集体诉讼过程中,他曾支援了诉讼代表们 1000 元钱。但是,他坚持不在起诉书上签名。他讲到,镇里干部曾明确跟村书记、主任交待,“要站在工厂一边”“要帮助做群众的思想工作”。①

总体而言,在集体抗争过程中,村干部与普通村民之间的态度与行为的差异还是非常明显。大多数情况下,村干部等乡村制度精英一般不会公开参与抗争,更不会成为抗争的领导者。

## 二、村干部不公开参与集体抗争的原因

### 1. 村干部是村委会成员一般会与基层政权保持一致

《中华人民共和国村民委员会组织法》(1988 年)第四条规定:“乡、民族乡、镇的人民政府对村民委员会的工作给予指导、支持和帮助,但不得干预依法属于村民自治范围内的事项。村民委员会协助乡、民族乡、镇的人民政府开展工作。”这就意味着,村民委员会有协助基层政权开展工作的责任与义务,同时,基层政权有

① 资料编号:PN20070810TZF,2007 年 8 月 10 日。

指导、支持和帮助村民委员会的权力。在实际的运作过程中,作为代理人的村干部只有与基层政权保持高度一致,才可能获得基层政权的信赖,从而维持在村庄治理。

即便相对于改革开放之初,乡镇党委对村干部的管制能力有所弱化,但对于不服从的村干部,乡镇党委仍然具有较强的控制能力。村党支部直接隶属于上级党委,乡镇党委可以直接撤换他们认为不得力的村支书。村委会成员虽然经由村民直接选举,要对村民负责,上级政府不能直接对村主任等进行撤职,但是上级政府可以通过架空的方式制裁不服从的村主任。例如四川的某镇党委书记是这样处理不配合的村干部的:"对于不听从乡镇党委和政府指令的村干部,则采取一定的组织措施,党支部书记可以直接撤职,村主任无法撤职务,但可以不理他,开会有事都不找他,或者采取别的办法把他搞下去。"①

2. 村干部与乡镇干部结成的互利性网络使得其一般不愿意公开参与抗争

乡镇很多具体工作的执行,最终仍然需要村干部的配合,否则很多工作无法很好地开展。为了获得村干部的支持,乡镇干部也会在自己力所能及的范围内为村干部提供方便。作为村干部而言,由于可以从乡镇干部那里获得一些村庄普通百姓无法汲取的资源,因此,也会在工作上给予乡镇干部相当的支持。而且,对于村干部而言,要想在村里树立权威,也必须和乡镇干部处理好关

① 赵树凯:《乡村关系——在控制中脱节 10 省(区)20 乡镇调查》,《华中师范大学学报(人文社会科学版)》2005 年第 5 期。

系。这样,双方就不但在工作上形成了共栖关系,而且这种关系中带有很大的情感的因素。有学者用共事和共谋关系来描述乡镇干部与村干部之间的关系。比如王思斌指出,乡镇干部和村干部在督促农民完成国家任务的过程中,形成了一种制度化的以完成任务为目的的共事关系,这种关系也是一种个人情感的互动。① 齐晓瑾等则进一步指出,随着粮食征购和农业税收的取消,以及工业化、城市化进程中的征地运动向农村的扩张,为了共同推进着征地的进程,乡镇干部与村干部会在某种程度上形成了一种合作的默契,以实现各自的利益追求,而这种基于利益的互动可称之为共谋关系。② 正是因为共事或者共谋关系的存在,对于那些在乡镇干部眼中非常敏感的集体上访、集体抗争行为,村干部一般会站在基层政权一方,不会轻易选择公开参与集体行动。

3. 从个体理性选择的角度而言,村干部抗争的成本要高于普通村民

目前,很多村庄都是有集体资产的,据报道,2008 年年底,合肥市年集体收入达 30 万元以上的村(居)集体经济总收入为 7.05 亿元,集体资产总额为 30.60 亿元;目前集体经济年收入超过 30 万元的已有 263 个村(居),其中 150 万元以上的有 82 个,1000 万元以上的有 13 个,最高的达到 8000 多万元。③ 而在江浙等沿海

---

① 王思斌:《共事依赖:乡—村干部关系的一种模式》,载王汉生、杨善华:《农村基层政权运行与村民自治》,中国社会科学出版社 2001 年版。

② 齐晓瑾、蔡澍、傅春晖:《从征地过程看村干部的行动逻辑——以华东、华中三个村庄的征地事件为例》,《社会》2006 年第 2 期。

③ 李光明:《村干部掌握庞大资源成为滋生腐败温床》,《法制日报》2010 年 9 月 28 日,http://news.sina.com.cn/c/sd/2010-09-28/071821184469_2.shtml。

地带,村庄中的集体资产则更多。2016年年底,浙江村级平均集体收入达到123万元。① 随着城市化进程不断加快,大量城郊村面临征地拆迁,村庄的集体资产迅速增加,而村干部实际上掌控了诸多集体资产的处置使用。即便是相对落后的纯农区,随着中央惠农政策力度不断加大,村干部掌握的资源也越来越多。而要维持村干部的身份,他们必须要获得乡镇干部的支持。换言之,村干部的利益与身份紧密联系在一起,同时,长期的村庄治理过程中,多种利益交错复杂。在这种情况下,参与上级部门反感的集体抗争、集体上访等事件,无疑会导致村干部的身份危机,最终会损害自身的利益。基于此,村干部一般不会参与到集体抗争事件中。

## 第二节　经济利益获得分化与集体抗争

本节,我们从经济利益关联与村民的关系探讨不同经济获益群体在农村集体抗争中的行为。笔者曾指出,不能简单地把农民的环境抗争理解为环保主义的觉醒,在很大意义上,利益主导着环境抗争。部分村民参与抗争基于利益的考量,同样,部分村民不参与抗争,也是基于利益的计算。

### 一、与污染企业有利益关联的村民行为

一般而言,那些能够从污染企业处获得利益的农民是不会参

① 李知政:《领跑全国农村集体产权制度改革　浙江村均集体收入达123万元》,《浙江日报》2017年1月11日第2版。

与抗争的，而且他们甚至会阻碍抗争的发展。这里主要分析三类人，一是与污染企业有利益关联的村干部，二是与污染企业有利益关联的村庄“混混”，三是在污染企业建设或运行过程中能够得到一定补偿或稳定收益的村民。

1. 与污染企业有利益关联的村干部

很多的化工厂需要在农村征地建设，按照相关法律规定，他们必须要与村里签订土地使用协议。原则上，此类涉及全体村民重大利益的事情应该首先征得绝大多数村民的同意，但实际操作过程中，不排除一些村干部越过村民直接对村庄的土地使用权进行处置。在土地征用和补偿过程中，由于个别村干部的利益与农民的利益往往不一致甚至对立，如个别村干部与化工企业结成利益共同体，部分土地补偿款可以由村委会支配等，就会发生由村干部代替村民做出有损村民利益的事情。

如浙江 D 市案例中，2001 年起，S 镇政府以租赁土地的形式，开始建设竹溪工业园区，园区占地约千亩，共有 13 家化工、印染和塑料企业，其中化工企业有 8 家。据《凤凰周刊》的记者得到的几份土地租用协议书，出租方是 S 镇五村，承租方是化工企业。承租方租用园区土地，年限为 30 年，租用期间，承租方向出租方上交每年每亩 800 市斤。以现金结算兑付，价格按当年、当地粮食部门的议购价收购为准。但据村民反映，协议签字时，村委没有与村民代表商议；至今，村民得到的补偿，一共才每人 120 元。① 诸如此类

① 宋元：《浙江 D 市环保纠纷冲突真相》，《凤凰周刊》2005 年第 13 期。

的村委没有与村民代表商议就直接在租用土地协议上签字,村民得不到应有的补偿款的案例,在环境抗争中不在少数。除了乡镇政府对于村干部的行政压力之外,其中很大程度上也源于村干部能够从中获得可观的利益。

此外,在村庄中,尤其是东南沿海的村庄中,村干部后面通常都有家族、宗族的支持。换言之,一方面是村干部与乡镇干部的共事或共谋;另一方面,村干部在治理村庄的过程中,也通常会在村庄中笼络自己的亲信,培植发展成为小利益团体。其中,村民小组组长以及村庄中的大户就成为村干部日常笼络的关键人员,长期的交往与利益关系,也会导致这部分人在集体抗争或集体上访之前会计算利益得失,而未必会参与抗争。

2. 与污染企业有利益关联的村庄"混混"

在现在的乡村中,几乎每个村镇都有终日无所事事、游手好闲、争勇好斗的人,而且主要是青年人。有些区域甚至出现了涉黑性质的团伙,如有学者曾指出,"最近一些年,一些地方的农村健康组织逐步弱化,非健康组织和力量发展很快,农村经济黑社会化和政治黑社会化的趋势非常明显"①。张玉林指出,"黑恶势力"已经开始在环境纠纷中频频亮相,针对单一举报者的行动通常是数人到数十人,而针对一个村庄的行动通常是数十人到一两百人,在相关报道中,他们分别被描述为"来历不明的人""统一着装的光头人""穿迷彩服的人""社会闲散人员""刑释解教人员"或"本

① 李昌平:《开放农村金融的机遇与"陷阱"》,《南风窗》2007 年第 5 期。

地村痞"等。① 我们通称这些人为"混混"。

一方面，不乏企业雇用混混、黑社会成员对参与抗争的核心成员进行暴力威胁与侵害的；另一方面，"混混"往往也愿意与污染企业或个别村干部实现联合。通过这样一种合作，他们往往能够获得一定的好处，如承包企业部分工程或为化工厂押车、开车赚取佣金等。

在浙江D市案例中，组织参加老年人搭建竹棚的人遭到了同村"混混"的暴力殴打。在福建P县X村，在村民阻止化工厂向外扩建厂房(化工厂方面的说法是扩建污水处理池)的事件中，围观的诉讼代表章金山无缘无故遭到了当地承建扩建工程的"混混"的殴打。当章金山的妻子说："告化工厂污染问题，这都是为你X村做事，你也是一个X村人，你不是去跟化工厂讲，反将要来寻我们"②，随即也受到该"混混"的追打。

更为严重的事件发生在辽阳市辽阳县兰家镇单家村。由于辽阳冶化制品厂两年来排放的废水废气污染严重，2000年8月20日，厂内工人、单家村村民张殿安竟然被呛中毒而死。饱受其害的附近村民已忍无可忍，于是自发集结在厂外阻止该厂拉料车进厂。8月23日，冶化厂被责令暂时停产，等待监测结果。10月29日中午，王凤英等二十多个村民中午突然发现该村附近的已被政府责令停产的辽阳冶化制品厂正在向外运货。已自发组织监督化工厂十余日之久的村民们当即一拥而上，在单家村村口将货车拦住。

① 张玉林：《环境抗争的中国经验》，《学海》2010年第2期。

② 资料编号：PN20070810TZF，2007年8月10日。

在王凤英的带领下,村民将车上一袋氧化钴强行卸下,欲送环保部门检测。冲突持续了半个小时后,货车返回了工厂,村民将 60 公斤氧化钴存在了村委会。当晚,堵车的带头人王凤英就被人乱刀砍得筋断骨折,险些丧命。

3. 在污染企业建设或运行过程中能够得到一定补偿或稳定收益的村民

对于那些在企业的征地、建设等过程中能够得到一定补充、实惠的村民,他们也有可能不愿意参与集体抗争。如福建 P 县案例中,前几年地方政府开始修建垃圾填埋场,结果受到离填埋场较近的 L 村村民的抵制。于是,发生了村民数次阻挡填埋场车辆的事件。笔者曾在 L 村的一家小卖店里与村民聊天,当时有十来个村民,很多村民不太愿意聊,其中一个 1973 年就入党的老党员在核实了我们的身份后,回答了我们提出的一些问题。从谈话中还了解到,村民中间也不是像我们想象的那么团结的。按照该村民的说法,"村里也有叛徒",而且那些有土地在征收范围之内的人家,是愿意将土地卖出的,因为有利可图。

再比如,有学者对安徽泗县的血铅儿童事件进行了人类学考察,他指出,在环境抗争中,在污染企业工作的工人(也同时是受损害的本地村民)一般会保持沉默,主要是由于工人别无选择,他们如果参与反抗,将冒被工厂开除的风险,工人的行动选择更多集中于可见的经济利益。①

① 司开玲:《知识与权力:农民环境抗争的人类学研究》,南京大学博士学位论文,2011 年,第 55—59 页。

## 二、村民群体的经济利益分化与集体抗争困境

1985年，船桥晴俊、长谷川公一在《新干线公害——高速文明的社会问题》一书中提出了受益权—受苦圈理论。他们发现在大规模的地域开发中存在着加害者暨受益者的“受益圈”与被害者暨受苦者的“受苦圈”之间的相互分离，形成获利空间与受害空间，这是矛盾的根源。① 有中国学者通过对湘中易村的个案研究指出，地方政府与污染企业之间存在的利益共谋机制促使二者以权力和资本为媒介不断向农民内部渗透和拓殖，农民也因之从完全的受害圈逐渐分化为一个绝对的受害圈和一个相对的受益圈。前者为普通村民，后者主要包括村干部、“混混”、家族势力等。②

在笔者看来，受益和受害是一个相对的。比如，在从经济利益上，一些与污染企业有利益关联的村干部等是受益者，但从环境污染上，他们也是受害者。但是，即便这样，他们仍然不会参与集体抗争。这表明了农民集体抗争的复杂性。

# 第三节　环境风险规避能力分化与集体抗争

在村庄中，不同村民群体社会经济地位是不一样的，对于那些

① 李国庆：《环境事件中受害者与受益者的博弈——日本环境社会学的四个研究范式》，《中国社会科学报》2011年6月15日。

② 陈占江：《制度紧张、乡村分化与农民环境抗争——基于湘中农民“大行动”的个案分析》，《南京农业大学学报(社会科学版)》2015年第3期。

较为富裕,同时又没有在环境恶化过程中有较大损失的村民而言,由于有其他的选择,他们未必会参与集体抗争。

## 一、村庄中规避环境风险能力较强的村民面对环境集体抗争的选择

### 1. 家庭经济条件较为富裕的村民,有能力通过搬离污染村庄的方式,而规避环境污染和环境集体抗争的风险

在受到环境威胁的村庄中,由于每个家庭的经济地位不同,在行动的选择上也会有所差异。对于那些经济实力较强,在环境污染巨大的情况下,他们也有可能选择暂时外地或者搬离村庄等逃避方式。一般而言,不到无路可退的情况下,此类村民一般也不愿意采取冲突性的抗争,毕竟,抗争所具有的政治风险是不言而喻的。不过,不排除他们也经常参与呼吁、"上万民书"等方式表达诉求。如福建P县案例中,X村在P县边,一些挨近化工厂的村民,就把自家的房屋出租给了外地来打工的人,而自己在县城里的其他地方重新买房。但是,并不是所有紧靠化工厂厂房的房屋都被出租出去了,很多村民仍然住在那里。也就是说,那些能在县城其他地方购房的人大多是经济收入还不错的。P县L村的例子,也证明了这一点。该村离县城相对较远,村落依山傍水,村舍逐水而建,该村里的老人介绍,该村有上百年的历史了,我们在村中也见到了清朝时期的建筑和古老的廊桥。据村民介绍,自20世纪90年代以来,村前的溪水就开始变坏,他们认为是化工厂的原因。后来,我们在县环保局局长那里才了解到详细的情况,该村前的溪水是受到了污染,但未必是R化工厂导致的,全县的生活污水和一些小化工厂、小塑料厂的

污水都排放到了这条溪中，环保部门也进行了多次整顿。2007年8月，我们调研的时候，据村民介绍，800多人的村庄，现在只剩下七八十人了，大多是老人，有经济实力的都走了，村委会也搬到城关了，村长、书记都不住在村里了，今年老人理事会也解散了。而村民普遍认为这是污染导致的结果。据我们的调研，污染确实是重要的原因，当然，也不能排除其他的原因，如有些村民是为了子女上学的方便等。

2. 外在社会关系网络较强的村民，也可能会选择退出、服从和呼吁等方式，而规避环境污染与环境集体抗争的风险

一个村民外在社会关系网络越强，他们就越有可能在村庄环境受到污染之后，通过外在社会关系网络而离开村庄，规避环境污染，而不参与冲突性抗争。有学者通过对下岗工人行动选择的研究提出，目前工人主要采取“退出、服从和吁请”等“无集体行动”的方式，家庭网等非正式制度对于工人的支持是导致其不参与集体行动的重要原因之一。① 如在2006年9月的湖南岳阳砷污染事件中，有一些村(居)民就选择了离开岳阳县而到岳阳市和其他的地方的亲戚家中去暂避，到了供水正常之后才回家。

## 二、规避环境风险能力与集体抗争困境

有学者基于北京、重庆和厦门三地城市生活垃圾处理影响的调查数据，分析了中国是否存在人群在风险中的不公平暴露问题。研究表明，关系网络的规模和势力能显著影响人们的风险暴露情

① 刘爱玉：《选择：国企变革与工人生存行动》，社会科学文献出版社2005年版。

况,即能够寻求帮助的人越多,关系网络中成员职业社会经济地位越高,受访者遭受的风险越低。社会经济地位的指标包括了教育、职业、收入、房产价值、户籍等。① 在另一项研究中,她探讨了环境风险在人群中的社会空间分配状况。研究发现,低受教育程度、低收入、低房产价值、农业户籍和居住在农村社区的居民,居住在距离大型垃圾处理单位 3 公里范围内的可能性和暴露在环境风险中的可能性,高于高受教育程度、较高收入、拥有较高价值房产、非农户籍和居住在城市社区的居民。② 从这个研究中,我们也可以得出一些启示。社会经济地位越高,规避风险能力越强。在村庄中,面对环境污染问题,不同社会经济地位群体的农民群体规避环境风险的能力也是不同的。家庭经济较为富裕的村民、外在社会关系网络较强的村民,在面对环境风险时,至少可以通过远离环境污染核心地区的方式规避风险。因此,农村中社会经济地位高、规避环境风险能力较强的群体,由于有其他的选择,而导致其参与政治风险大的环境集体抗争意愿明显低于农村中社会经济地位较低的群体。

## 第四节　体制关联程度分化与集体抗争

在村庄中,不同家庭与地方政府系统体制性联结是不一样的。

---

① 龚文娟:《社会经济地位差异与风险暴露——基于环境公正的视角》,《社会学评论》2013 年第 8 期。

② 龚文娟:《环境风险在人群中的社会空间分布》,《厦门大学学报(哲学社会科学版)》2014 年第 3 期。

有些村民家庭成员中有当地政府公职人员或国有企事业单位工作人员，有些村民与体制联结较为疏远。不同家庭参与村庄集体抗争会出现分化。

家庭中有人在当地基层政府部门工作，家庭成员如果参与集体抗争，将受到比其他家庭更大的来自基层政府部门的压力，因而更有可能不参与集体抗争。在一些农民的集体行动事件过程中，基层地方政府为了维持社会稳定，也会通过单位体系做好稳定工作。

有学者指出，单位对集体抗争仍然具有显著的抑制作用，但抑制的机制和效果随着单位特征的变化而有显著差异，这表明单位特征对集体抗争的发生机制具有明显的分割效应。① 一般而言，单位体制也只能约制处于政府部门、国家事业单位的职工，对于非单位体制内的农民，并不具有直接的约束力。但是，这并不意味着单位体制对于农民没有任何影响，它能够通过控制本单位来自发生环境抗争事件村庄的干部而影响其家庭的维权行为。

① 冯仕政：《单位分割与集体抗争》，《社会学研究》2006 年第 3 期。

# 第五章　政治机会与集体行动

在梯利和麦克亚当的政治过程理论中，政治机会仅仅是若干影响社会运动产生和发展的因素之一。但是到了 20 世纪 80 年代后期，特别是在泰罗（Tarrow）的倡导下，政治机会结构已经发展成为专门的理论。① 有关西方抗争政治的研究大多认为政治机会结构的出现是导致集体抗争发生或兴起的主要原因，因为这样的结构变迁有助于集体抗争的成功。② 但是对于什么是政治机会，学术界却是争论不休，一些学者主张，“政治机会结构的发现是与国家自主性的概念息息相关，事实上从一开始，这个研究途径所构想的政治即是狭义性的指涉，只涉及了制度化的政治部门，亦即国家组织。一直到 90 年代之前，无论是在 Lipsky、Eisinger、Wilson 的都市抗议研究，Tilly 的欧洲抗争史研究，Kitschelt、Tarrow 的欧洲新社会运动研究，都是遵循这个未明言的设定”③。在 1996 年的一篇文章中，泰罗才正式将

① 赵鼎新：《社会与政治运动讲义》，社会科学文献出版社 2006 年版，第 196 页。

② 石发勇：《关系网络与当代中国基层社会运动：以一个街区环保运动个案为例》，《学海》2005 年第 3 期。

③ 何明修：《社会运动概论》，台北三民书局 2005 年版，第 136 页。

这种观点称为国家中心论。他把政治机会结构的组成要素归纳为四个方面:第一,政治管道的存在:既有的政治局势越是提供人民参与决定的空间,机会则是越开放;第二,不稳定的政治联盟:政治局势越是动荡,越能够提供挑战者运作的空间;第三,有影响力的盟友:社会运动需要外来资源的汇入,政治盟友的出现有助于运动的动员;第四,精英的分裂:如果执政党无法采取一致的行动来回应外在要求,即是为挑战者开启了一扇机会之窗①。当然,有学者认为"国家镇压的能力与倾向"是政治机会结构中的核心内涵。②

另一些学者主张,国家中心论是一种结构主义偏见,无法分析社会运动实际面临的过程。从文化研究的角度出发,甘姆森和迈耶指出,政治机会除了制度的面向,还有文化的面向。因此,神话和叙事、价值、文化主题、信念系统、世界观、媒体的组织形态及其他的政治和经济性质等都可被视为政治机会。③

---

① Tarrow, Sidney, "State and Opportunities: The Political Structuring of Social Movements", in Comparative perspectives on Social Movement, eds. by Doug McAdam, John. McCarthy and Mayer N. Zald. Cambridge: Cambridge University Press, 1996, pp.41-61.

② 例如,何明修认为精英的分裂与不稳定的政治联盟、有影响力的盟友之间有逻辑意涵关系,严格说来并不是独立的,也就是说泰罗的"政治机会"可以概括为如下三个方面:第一,政治管道的存在;第二,精英体制的稳定性;第三,政治联盟者的存在。除此之外,他又把麦克亚当经常强调的"国家镇压的能力与倾向"纳入到"政治机会结果"的概念内核(参见何明修:《社会运动概论》,台北三民书局 2005 年版,第 139 页)。

③ Gamson, William A. and David S. Meyer, "Framing Political Opportituniy", in Comparative Perspectives on Social Movements, eds. by Doug McAdam, John D. McCarthy and Mayer N. Zald. Cambridge: Cambridge University Press, 1996, pp. 275-290.

笔者认为,研究中国农民的集体抗争行动,不能仅仅局限于狭义的国家中心论的政治机会结构意涵,而应该把文化意义上的政治机会结构纳入到实践研究中。其基本理由是:由于国家与社会的高度相关性,社会文化领域的重要变化同样能够成为维权者利用的机会,这与政治与社会高度分离的西方国家是不同的。

一些研究中国集体抗争的学者也已经意识到了政治机会对于中国集体抗争的重要性。有学者指出,“政治机遇结构是解释中国都市地区集体行动之发生的最有力的一个自变量,因为它代表了促进或阻碍社会运动或集体行动的动员努力的几乎所有外部政治环境因素”①。

在有关农民与工人的维权抗争中,有学者提出新形势下的国家法律和政策为维权群众提供了对抗强权的武器②。有学者以一个假想的现象,即某个中西部村庄到了一年一度征收村提留款的时候,部分村民准备交部分村民准备不交为研究主题,指出村庄当局的政治强势或脆弱性(包括了如下指标,村庄当局主要成员在当地庇护—代理人体系中的地位;村庄当局主要成员的社会权威和影响力是否处于衰减状态中;村庄当局主要成员的政治权威和合法性是否处于衰减状态)、精英竞争和精英分裂的程度、村庄当局和上级社会控制机关采取镇压手段的可能性(最有

① 刘能:《怨恨解释、动员结构和理性选择:有关中国都市地区集体行动发生可能性的分析》,《开放时代》2004 年第 4 期。

② 典型如“依法抗争”(O’Brien、李连江等)、“以法抗争”(于建嵘)的解释范式。

可能采取何种社会控制手段）构成了农民抗争的重要的政治机会①。

还有学者在研究中产阶层都市运动时指出，“国家与城市间利益的分化和立场的差异，对于都市运动的行动者而言，有时意味着某种政治机会”。同时，她又指出要注意城市与城市之间政治机会的不同，她指出，“相对上海而言，广州、深圳地处边陲又紧邻香港的特殊的边缘性，北京内部中央城市的多重权力结构等，都可能为中产阶层的维权运动提供相应的可能条件，也可能构成社会运动特殊的政治机会结构。”②

总体而言，这些研究强调法律、精英分裂、城市的社会政治结构等因素影响了抗争维权。从中国环境抗争维权运动的实践出发，结合国内外学者对于政治机会结构的讨论，笔者认为，“作为一种强势的国家话语的‘法治’与‘和谐’”“媒体的开放性”“分化的行政体系”等因素为农民的抗争提供了政治机会。从某种程度上，这个观点也受到了石发勇博士的影响，他曾以某街区环保运动为个案，提出当今促使集体抗争爆发的政治机会结构有三个主要面向：“行政体系的相对‘分裂’、媒介的初步开放以及法规政策的逐步完善。媒介的开放、法制的进步使得群众的权益意识有了明显增强，并开始学习使用法律武器来维护自己的合法权益，而政体的相对开放导致了业主委员会等社区性 NGO 的出现，为群众性维

① 刘能：《中国乡村社区集体行动的一个理论模型：以抗交提留款的集体行动为例》，《学海》2007 年第 5 期。

② 陈映芳：《行动力与制度限制：都市运动中的中产阶级》，《社会学研究》2006 年第 4 期。

权活动提供了组织依托。”①

## 第一节　国家话语与农民的机会

### 一、依法治国与农民的机会

1. 作为“一个新的支配性社会工程”的依法治国

1999 年,依法治国被正式写入宪法,这意味着法治已经被宣告为国家权力的首要来源。1978 年到 1998 年之间,全国人大颁布了 327 部法律(1966—1978 年及 1949—1965 年间的对应数字分别为 7 和 122),与此同时国务院发布了 750 部法规。② 这表明改革开放之后,法律制定出现了爆炸性增长的趋势。实际上,自改革开放以来,“依法治国”就拉开了新的序幕,并取得了卓越的成就,发展成一种强势的话语。中国的这一转变意味着法律与社会政策日益成为国家社会管理的手段,甚至有学者把其称为“一个新支配性社会工程”③。

当法治作为“一个新的支配性社会工程”出现的时候,其一方面引导社会控制方式的全面转型,另一方面也为社会群体提供了

① 石发勇:《关系网络与当代中国基层社会运动:以一个街区环保运动个案为例》,《学海》2005 年第 3 期。

② Zheng Yongnian, “From the Rule by Law to Rule of Law? A Realistic View of China’s Legal Development”, China Perspective, No. 25, September-October 1999, pp.31-43。

③ 李静君:《中国工人阶级的转型政治》,载李友梅等主编:《当代中国社会分层:理论与实证》(《转型与发展》第 1 辑),社会科学文献出版社 2006 年版。

维护自身权益的机会。

例如,研究中国抗争政治的学者从一开始就观察到了农民等弱势群体在进行维权时,其基本话语都是“维护中央法律的权威性”,并把它归纳为“依法抗争”“合法抗争”。

2.依法治国话语的强化:环境法律的视角

在国家的法治体系中,环境法制对于试图进行环境维权抗争的农民显得尤为重要。从表5-1中的数据可以看到,政府每年都在修订、发布大量的环境法律法规,经过几十年的建设,已经初步形成了社会主义的环境法律体系,这些法律在约束政府的同时,也为农民的抗争提供了合法性。

中国对环保法律的重视始于1978年,邓小平首先提出中国应制定环境保护法。1979年9月,全国人大常委会原则通过《中华人民共和国环境保护法(试行)》,使我国环境保护工作走上了法制化的轨道,奠定了我国环境立法工作的基础。三十多年来,我国先后制定了《环境保护法》(1989)、《水污染防治法》(1984)、《大气污染防治法》(1987)、《环境噪声污染防治法》(1996)、《固体废物污染环境防治法》(2005)、《环境影响评价法》(2002)等一系列环境保护法律,国务院制定了《自然保护区管理条例》《排污费征收使用管理条例》《建设项目环境保护管理条例》《危险废物经营许可证管理办法》等一系列环境保护行政法规。

截至2006年,我国制定了9部环境保护法律、15部自然资源法律,制定颁布了环境保护行政法规50部,部门规章和规范性文件近200件,军队环保法规和规章10余件,国家环境标准800多项,批准和签署多边国际环境条约51部,各地方人大和政府制定的地方性环境法规和地方政府规章共1600余件①。截至2010年,国家环境保护行政主管部门和国家有关部门发布有关环境保护的行政规章100多个,环境标准400多个,地方发布的环境法规和规章有900多个。② 党的十八大以来,国家、地方对不适应环保法治的法律、法规进行了修订、完善。环境保护部积极配合人大立法机关,制修订了包括《环境保护法》《大气污染防治法》等在内的8部法律,并推进完成了9部环保行政法规和23件环保部门规章的制修订。一些省市也积极运用地方立法权,根据当地需求制定了更高标准、更为严格的管理制度和相应的行政处罚制度。③

此外,1982年,中国将"国家保护和改善生活环境和生态环境,防治污染和其他公害"写入了《宪法》;1997年,《刑法》增加了"破坏环境资源保护罪"。

正如有学者指出的,"目前已经形成了以《中华人民共和国宪法》为基础,以《中华人民共和国环境保护法》为主体,以环境保护专门法、与环境保护相关的资源法、环境保护行政法规、环境保护行政规章、环境保护地方性法规为主要内容的环境法律体系以及

① 国家环保总局:《全面加强环境政策法制工作 努力推进环境保护历史性转变——国家环保总局局长周生贤在第一次全国环境政策法制工作会议上的讲话》,中华人民共和国环境保护部官网,2006年12月12日,http://www.zhb.gov.cn/info/ldjh/200701/t20070118_99753.htm。

② 陈战军、陈勇:《我国特色的环境保护法律体系》,《湖南日报》2010年8月23日。

③ 陈媛媛:《严格监管 推进环境与经济协调发展——党的十八大以来环境法治建设述评》,《中国环境报》2017年10月13日。

相关的环境标准体系"①。

**表 5-1　中国环境法制的建设情况（1996—2010）**

| 年份 | 当年颁布法规总数（件） | 当年颁布环境保护法律（件） | 当年颁布环境保护部门规章数（件） | 当年颁布环境保护地方性法规数（件） | 当年颁布环境保护地方性政府规章数（件） |
|---|---|---|---|---|---|
| 1996 | 145 | 2 | 1 | 24 | 118 |
| 1997 | 112 | — | — | 26 | 86 |
| 1998 | 117 | — | — | 19 | 98 |
| 1999 | 157 | — | — | 25 | 132 |
| 2000 | 189 | — | — | 27 | 162 |
| 2001 | 82 | — | 5 | 25 | 52 |
| 2002 | 117 | — | 2 | 32 | 83 |
| 2003 | 86 | — | 5 | 25 | 56 |
| 2004 | 86 | — | 6 | 22 | 58 |
| 2005 | 76 | — | 6 | 30 | 40 |
| 2006 | 86 | — | 7 | 38 | 41 |
| 2007 | 70 | — | 8 | 30 | 32 |
| 2008 | 55 | — | 5 | 21 | 29 |
| 2009 | 42 | — | 3 | 22 | 17 |
| 2010 | 55 | — | 13 | 22 | 20 |

数据来源：根据国家环保总局 1997 年至 2010 年发布的《全国环境统计公报》整理，其中 1996—2005 年的数据亦可参见洪大用：《试论改进中国环境治理的新方向》，《湖南社会科学》2008 年第 3 期。2011 年及其之后的《全国环境统计公报》不再公布以上数据。

① 洪大用：《试论改进中国环境治理的新方向》，《湖南社会科学》2008 年第 3 期。

### 3. 作为政治机会的法律

如上的法律法规在对社会进行制度化控制的同时,也为底层群体提供了维护自身权益的新的法律诉求的维度。

大量的资料可以表明,在社会实践中,农民逐渐学会了利用法律作为动员的资源,并以此证明抗争维权的合法性。特别是《中华人民共和国环境保护法》等相关法律规定经常出现在农民的上访信、倡议书、横幅标语中。

人民的生命财产权利受法律保护,不受非法侵害,任何危害行为,将受法律制裁,是宪法规定的原则,不容遭蹋!

《中华人民共和国环境保护法》第六条规定:一切单位和个人都有保护环境的义务,并有权对污染和破坏环境的单位和个人进行检举和控告(笔者注:现行环保法第六条并没有此规定。该规定存在89环保法中,已被废止。)。

(摘自《抗议保命倡议书》的开头部分,福建P县X村全体村民,2002年1月6日,该材料由章金山提供)

根据国家环保总局环发〔2003〕106号《关于加强含铬危险废物污染防治的通知》规定:"2004年底前,要实现当年产生的含铬废物当年处置……环境敏感区内禁止新建铬化合物生产装置;环境敏感区内现有的铬化合物生产企业或生产装置,不得扩大生产规模,并应逐步迁出环境敏感地区。"(P县上访信件,资料编号:PN070504)

省环保局批了一个与朱总理"切实避免走先污染后治理,先破坏后恢复的老路"指示精神不相符的批示意见。同时批示中对2.5米机立窑只提到是暂不属于淘汰的产品，而根本来讲和忽视了2.5米机立窑投产使用必须严格执行国务院经贸委6号令“三同时”制度……

（摘自《关于恳请治理株洲市荷塘区金荷水泥厂环境污染和追究个别领导人的行政法律责任的报告》，湖南省株洲市荷塘区宋家桥村全体受害群众，1995年7月17日。资料编号：HNZZ1839-1845）

《中华人民共和国宪法》《中华人民共和国环境保护法》《关于加强含铬危险废物污染防治的通知》“三同时”制度等环境法律法规在农民的上访信、标语中的使用，表明了法律成为农民合法化自身的行动的重要依据。

## 二、和谐社会与农民的机会

### 1.“和谐社会”的话语与农民的机会

2002年，党的十六大报告在讲到2020年实现全面小康社会的目标时，指出要达到“使经济更加发展、民主更加健全、科教更加进步、文化更加繁荣、社会更加和谐、人民生活更加殷实”。党的十六届四中全会提出构建社会主义和谐社会的新概念，十六届六中全会专门就构建社会主义和谐社会若干重大问题做出决定。几年来，构建社会主义和谐社会的理论逐步形成，成为中国特色社会主义理论体系中的一个重要组成部分，对整个社会生活发生了巨大的影响。

党的十六大以来，发展、发展观、全面发展观、新型发展观、科学发展观等词的使用率越来越高。党的十六届三中全会完整而明确地提出了科学发展观的概念,并对它的内容做了表述,即:"坚持以人为本,树立全面、协调、可持续的发展观,促进经济社会和人的全面发展";强调"按照统筹城乡发展、统筹区域发展、统筹经济社会发展、统筹人与自然和谐发展、统筹国内发展和对外开放的要求",推进改革和发展。简要地说,科学发展观,就是以人为本,全面、协调、持续的发展,就是"四个协调发展"或者"五个统筹发展",就是社会和谐发展。①

党的十七大报告指出:"建设生态文明,基本形成节约能源资源和保护生态环境的产业结构、增长方式、消费模式。"报告还强调,要"使生态文明观念在全社会牢固树立"。人们注意到,从党的十二大到十五大,中国共产党一直强调,建设社会主义物质文明、精神文明;十六大在此基础上提出了社会主义政治文明。十七大报告首次提出生态文明,这是中国共产党科学发展、和谐发展理念的一次升华。

党的十八大报告指出,要把生态文明建设放在突出地位,融入经济建设、政治建设、文化建设、社会建设各方面和全过程,努力建设美丽中国,实现中华民族永续发展。党的十九大报告指出,加快生态文明体制改革,建设美丽中国。人与自然是生命共同体,人类必须尊重自然、顺应自然、保护自然。我们要建设的现代化是人与自然和谐共生的现代化,既要创造更多物质财富和精神财富以满

① 郑杭生:《科学发展观——执政党治国:治理社会根本理念的转变》,《北京党史》2004 年第 5 期。

足人民日益增长的美好生活需要，也要提供更多优质生态产品以满足人民日益增长的优美生态环境需要。必须坚持节约优先、保护优先、自然恢复为主的方针，形成节约资源和保护环境的空间格局、产业结构、生产方式、生活方式，还自然以宁静、和谐、美丽。

和谐社会、科学发展观、生态文明等理论的提出，意味着党和政府在社会矛盾多发期，越来越重视社会公平，越来越关注弱势群体，越来越强调协调发展，越来越关心社会民生。

在党和政府的有力推动下，在强大的舆论宣传下，社会和谐、生态文明等观念已经深入民心，并且已经演化为强势的国家话语。直接后果是，无论是地方政府还是企业法人，凡是有悖于科学发展、和谐社会、社会稳定等理念的行为，就可能会受到社会舆论与上级部门的强大的压力。

在这样的情况下，当地方出现了消极对待环境污染、“重经济、轻环保”、滥用警力等行为时，就会把自己置于不利的地位。相反，和谐社会、科学发展、社会主义生态文明等诸如此类的政策话语会为农民的抗争提供有利的政治机会。

2.“环境保护”的话语与农民的机会

中国于1973年成立了国务院环境保护领导小组及其办公室，并在全国推动工业“三废”（废水、废气、废渣）的治理。1979年颁发了《环境保护法（试行）》。20世纪80年代起形成“预防为主、防治结合”“谁污染谁治理”“强化环境管理”3项政策和“环境影响评价”“三同时”“排污收费”“目标责任”“城市环境综合整治”“限期治理”“集中控制”“排污登记与许可证”8项制度。90年代初，中国工业污染防治开始了三个转变，即从“末端治理”向全过程控制转变、从单纯浓度控制向浓度与总量控制相结合转变；从分散治理向分散与集中治理相结合转变，并开始了清洁生产的试点。在里约热内卢会议两个月后，中国在《环境与发展十大对策》中，明确了“实施可持续发展战略”，并于1994年公布了《中国21世纪议程》。这是全球第一部国家级的《21世纪议程》。1996年，全国人大审议通过了2000年和2010年的环境保护目标；同年，国务院发布了《关于环境保护若干问题的决定》。1998年，新的国家环境保护总局（正部级）成立，职权有所加强。2002年1月，国务院批复了《国家环境保护“十五”计划》。2003年9月，《环境影响评价法》实施后，国家环保总局连续5年通过行动方式推动环评，被称为“环评风暴”。2007年，环保总局开始逐渐推动环境收费、绿色资本市场、排污权交易等7项环境经济政策。

党的十八大以来，《大气污染防治行动计划》《水污染防治行动计划》《土壤污染防治行动计划》陆续出台，2015年实施了被称为“史上最严”的新修订的环保法，在打击环境违法犯罪方面力度空前。

随着政府对环境保护政策的不断推进，环境保护已经深入人心，成为一种强势的国家话语。在重视环境保护话语的形成过程中，除了政府的大力推动之外，民间环保组织的努力也起到了重要的作用。

1994年3月31日，中国第一个在国家民政部注册的民间环保组织“自然之友”成立，截至2005年年底，我国共有各类环保民间组织2768家，其中，政府部门发起成立的环保民间组织1382家，占49.9%；民间自发组成的环保民间组织202家，占7.2%；学生环保社团及其联合体共 1116 家,占 40.3%;国际环保民间组织驻大陆机构 68 家,占 2.6%。① 截至 2012 年年底,全国生态环境类社会团体已有 6816 个,生态环境类民办非企业单位 1065 个,环保民间组织共计 7881 个。随着全社会环境意识的增强,民间环保组织的数量从 2007 年到 2012 年增长了 38.8%。② 中国的民间环保组织已经初具规模。这些组织在中国境内开展了大量的活动,前期主要以环境教育、环境宣传为主。2003 年怒江事件之后,开始积极倡导环境正义,并实现了更大规模的联合行动。民间环保组织的努力客观上影响了环境舆论,进而促进了环境保护话语的形成。

在政府、非政府组织以及个体的共同努力下,在全球环境运动的影响下,环境保护已然成为一种强势话语。这样一种话语会形成对他人强烈的约束。正因为如此,破坏环境保护才可能成为一种具有巨大杀伤力的话语标签。

3."社会和谐"与"科学发展":作为一种政治机会

而在和谐社会、科学发展观等被提出来之后,一些农民在上访信、投诉信中,明确地把创建和谐社会作为重要的话语武器对地方政府强力压制的行为进行抗争。如铜仁市下龙田村民的投诉信和福建 P 县鸳鸯溪畔村民的请求信中的话语呈现:

---

① 中华环保联合会:《中国环保民间组织发展状况报告》,非出版物,2006 年 4 月 22 日。

② 沈慧:《我国已有近 8000 个环保民间组织》,中国新闻网,2013 年 12 月 9 日,http://www.chinanews.com/ny/2013/12-09/5596400.shtml,转自《经济日报》。

在中央强调“以人为本,构建和谐社会,建设新型农村,环保式家园”的今天,在市政府大力支助下……可是,厂方对此采取消极之态度……

当前,中央再三强调贯彻执行“三农”政策,农业、农村、农民,再三强调,为了子孙后代,保护生态资源,下大力、抓环保治理,可离市中心不到几公里的一个污染严重,认为制造“黑色沙尘暴”的铁合金厂地种种行径,破坏了中央“三农”政策的贯彻和落实……

(摘自《关于下龙田受严重污染情况的反映》,铜仁市下龙田全体村民,2006 年 2 月 2 日)

为了保护环境、保护国家重点风景名胜区鸳鸯溪,恳请总书记能对本案予以高度关注,指示有关部门及时执行处罚决定,并对违法乱纪的有关行政官员予以严肃查处,保证中央的政令畅通。多谢!

(摘自《请求信》,鸳鸯溪畔农民,2007 年 7 月 2 日,该资料由章金山提供)

在这些上访信件中,农民认为他们的行为是“保证中央的政令畅通”。在浙江 D 市事件中,我们收集到了王坎头村民张贴的《告 S 镇同胞书》(2005 年 3 月)。题头这样写道:“温总理语:搞好环保,让人民呼吸新鲜空气,喝上放心水。”村民已经直接运用中央领导的话语作为自己的斗争武器了。

改革开放以来,可持续发展、生态文明建设等国家战略日益受到各级政府重视。在党和政府的有力推动下,在强大的舆论宣传下,这些理念已经深入人心,并且已经演化为强势的国家话语。直接后果是,无论是地方政府还是企业法人,凡是有悖于可持续发展、社会和谐等理念的行为,就可能会受到社会舆论与上级部门的强大的压力。在这样的情况下,当地方政府有关部门出现了消极对待环境污染、重经济轻环保、滥用警力等行为时,就会把自己置于不利的地位。相反,农民会利用生态文明等政策话语进行依法抗争。

## 第二节　媒体的开放性

大众传媒在集体行动与社会运动中发挥着重要的作用,这已经成为学术界共识。如果说,在中国,媒体更多是作为动员的资源被重视的话,在一个威权主义国家与地区中,媒体的开放性则为农民的集体抗争提供了政治机会。

### 一、媒体报道中的环境抗争

在20世纪80年代,发生了农民抗争事件,大众媒体基本不会报道,即使偶尔报道,也是寥寥数语,强调农民行为的负面性质与官方行动的正当性。同样,对于农民的环境抗争,也鲜见于新闻媒体。甚至,在80年代,关于环境污染的报道都很少见。如有学者指出,早期媒介对于环境保护的监督作用没有充分发挥,媒介的环境报道主要以正面报道为主。①

① 洪大用:《社会变迁与环境问题》,首都师范大学出版社2001年版,第251页。

90年代中后期,关于环境污染与农民抗争的报道开始逐渐增多。例如,在《半月谈》《中国改革:农村版》《民主与法制》《乡镇论坛》《南方周末》等媒体上,逐渐出现了一些农民抗争的报道。当然,这些报道基本不会涉及对具体抗争事件过程的详细描述,而是更多分析问题产生的原因。同时,这一时期关于环境污染的新闻的报道也有所增加。如有学者明确指出:在80年代,省级和国家媒体很少报污染的新闻;90年代,开始加大污染新闻的报道;进入21世纪后,关于环境事件的新闻报道增多。① 诸如此类的一些报道对于污染的企业产生了巨大的压力,也客观上促成了污染问题的解决,化解了农民的抗争。最近几年,新闻媒体对社会抗争的报道比之前的开放程度更大一些了。②

2003年SARS之后,政府在逐渐放开对于突发事件报道的权限,媒体对于突发事件的报道也在增多。以环境抗争的报道为例,2007年的厦门PX事件堪称是媒体与集体行动互动的典型案例,在新媒体与传统媒体的共同推动下,这次环境集体抗争事件的前后过程被全方面地报道出来,而媒体本身也成为影响这次事件发展的重要力量。

## 二、媒体开放性与农民的政治机会

有学者指出,在20世纪80年代的中国,任何社会不满都是针

---

① Anna M.Brettell, The politics of public participation and the emergence of environmental proto - movements in China, University of Maryland. College Park, 2003, p.163.

② 赵鼎新:《民主的限制》,中信出版社2012年版,第181—182页。

对国家的,因而对政权具有很大的颠覆性①。自 90 年代以来,由于市场机制的作用,地方政府的表现与当地群众的经济和社会生活状况更为紧密地联系在一起。与此同时,地方政府也成为矛盾的焦点。由此,反而出现了集体抗争事件的地方化和多元化。中央政府更多时候成为调停人,这也使得中央政府对于社会冲突报道的容忍度有所增大。整体而言,媒体的开放促进了抗争信息的流通,增加了抗争行动者的资源。具体到某个污染或冲突性事件,当媒体曝光后,地方政府部门就会受到上级部门和社会舆论的极大关注,为"维持社会安定团结的局面",政府一般会尽快地解决问题,以平息民愤。

90 年代中期以来,越来越多的农民开始意识到了媒体的重要性,开始主动地与媒体进行沟通,向媒体投诉,希望引起媒体的关注,以增大抗争成功的可能性。

比如,在 2007 年 6 月 1 日至 9 月 26 日,共有 22 人次登录中国政法大学污染受害者法律帮助中心的网站进行环境投诉,除去重复投诉外,总计 19 起。其中在"期望得到何种帮助"一项中,13 起都直接提到了"联系新闻媒体曝光",占到总数的 68.4%。这表明,环境受害者对于媒体已经非常重视。

而媒体的报道为农民的维权提供了政治机会。以福建 P 县事件为例,2002 年 3 月,《方圆》杂志以"还我们青山绿水"曝光了 P 县的环境污染问题,之后就不断有新闻媒体进行追踪报道,这令地方

① Zhao, Dingxin, The Power of Tiananmen: State-Society Relations and the 1989 Beijing Student Movement, The University of Chicago Press, 2001.

政府很“头痛”。尤其是2003年4月12日,中央电视台《新闻调查》曝光P县的污染之后,章金山等人参与的环境诉讼与维权获得了空前的关注。第二天,省环保局就专程来P县调查污染真相,对于P县农民的环境抗争客观上起到支持作用。据不完全统计,自从《方圆》杂志报道之后,《人民日报》、《法制日报》、《中国环境报》、《中国青年报》、新华社等全国各大新闻媒体共刊发了独立报道近50余篇,网上的转载、摘要等不计其数。而且,几乎所有的报道都是揭露污染,报道农民的维权,这对P县的村民环境抗争是一个很大的支持。这样一种持续的关注,给污染企业与地方政府造成了巨大的压力。再以杨集事件为例,2005年10月23日,《中国经济时报》接到附有300余名村民的签字、盖章及手印的反映巨龙化工厂的联名信,24日,记者来东新村暗访,随后发表了《被癌症笼罩的村庄》的长篇报道。2006年4月24日《中国经营报》再次刊登的文章《江苏盐城癌症村化工污染调查　夺命GDP的背后》,深入披露了化工厂污染的内幕,东兴村被冠以癌症村的称号,成为关注的焦点。

## 第三节　分化的行政体系

### 一、并非铁板一块的行政体系

#### 1. 中央与地方的利益差异

回顾我国环境保护的历程,由于环境保护政策的贯彻落实主要依靠各级地方政府,而中央政府与地方政府由于各自所代表的公共利益范围的差异,在根本利益一致的基础上,还是存在巨大的利益差异。各级环保部门都隶属于各级政府，在人、财、物等方面也都高度依靠各级政府的保障，而不是依赖中央环保部门。因此，中央政府的环保主张和相关政策并不一定能够完全贯彻下去。有的地方政府出于自身的利益考虑，往往是“口头上贯彻，实际上不贯彻”；或者“对我有利就贯彻，对我不利就不贯彻”；或者“上有政策，下有对策”，想尽办法“钻空子”“打擦边球”，乃至明目张胆地违反政策。①

由于各级政府机构的权力范围和利益出发点不同，整个行政系统中存在很多相互冲突和裂痕。这些包括上下级矛盾、条条矛盾、块块矛盾以及条块矛盾等。② 因此，地方政府利益和关注点并不一定和高层政府职能部门一致，甚至会相互冲突，尤其在前者的发展项目违背职能部门规章时更是如此。这种相对分裂的行政体系则为农民利用关系网络抵制地方当局侵权提供了空间。

2. 行政系统代理人的多元化

“分化的行政体系”并不仅指层级系统的分化，也指同一级别政府职能部门之间的分化。对于政府官员的行政行为，一直有两种研究取向，一种是注重制度的力量，例如罗伯特·米歇尔斯提出的“寡头统治铁律”③；另外还有一些学者从人的主观能动性出

---

① 洪大用：《试论正确处理环境保护中的十大关系》，《中国特色社会主义研究》2006 年第 5 期。

② 石发勇：《关系网络与当代中国基层社会运动：以一个街区环保运动个案为例》，《学海》2005 年第 3 期。

③ 德裔意大利籍著名政治社会学家罗伯特·米歇尔斯认为，“正是组织使当选者获得了对于选民、被委托者对于委托者、代表对于被代表者的统治地位。组织处处意味着寡头统治”，这就是“寡头统治铁律”原理（参见［德］罗伯特·米歇尔斯：《寡头统治铁律：现代民主制度中的政党社会学》，任军锋等译，天津人民出版社 2001 年版）。

发,强调政府官员的具体行政行为未必完全受到制度力量的影响,他们能在自己的职责范围内进行相应的变通。由于中国的行政系统本身并不是铁板一块,各部门都有自己的利益,而执行政策的政府代理人又可能在自己的职责范围内变通,这使得行政系统代理人的行为呈现出多元化的特征。

## 二、分化的行政体系与集体抗争

正是由于中央、省、市、县、乡村基层各级政府部门的差别,导致了其在处理农民的环境抗争过程中的行为并不一致,这反而给农民的集体抗争创造了一定的条件。

首先,分化的行政体系降低了农民抗争的风险性。在改革开放之前,由于行政体系基本上是铁板一块,抗争的农民面对的是一种强大的政府机构,几乎无法从其内部获得支持。如果受污染者阻止污染的发生,往往会以"反革命破坏罪"被判刑,其风险性是非常之大的。到了20世纪90年代中后期之后,恰恰是由于"分化的行政体系"使得地方政府部门之间也出现了利益的分化。这给环境抗争者创造了条件。例如,在福建P县案例中,P县环保局、P县委县政府、福建省环保局等行政部门对于抗争的农民的态度就明显不一致。相对于县委县政府、县环保局,福建省环保局由于能超脱地方利益而相对公正。2003年4月12日中央电视台《新闻调查》栏目以"X村旁的化工厂"对P县污染事件进行了全方位的报道。化工厂的厂长得知后,亲自打电话给县电力局,要求其停电,全县当天没能看到该节目,接到投诉的福建省环保局领导在第二天后专门奔赴P县处理并对县里某些部门的做法进行了批评,并召集村民与县里相关部门达成了一些环境保护的协议。正是由于在 20 世纪 90 年代之后,各级行政系统在利益、权力等各个方面的分化给农民创造了抗争的条件,一些政府部门的支持也减少了农民抗争的风险性。

其次,分化的行政系统有可能会促发农民的持续抗争。如果说,整个行政系统是铁板一块的话,在面对强势的国家权力机构的情况下,几乎任何的抗争都是以卵击石。因此,很多农民就未必能够坚持抗争下去,其结果是消极等待。然而,正是由于行政体系的不一致性,使得很多农民相信,正是由于上级政府不知道基层政府的一些错误的做法,使得环境污染问题无法解决,而只要上级政府下令,基层的问题就很容易获得解决。这样一种心态促发了农民的持续抗争。

最后,分化的行政体系为抗争精英的关系运作提供了可能的机会。在环境领域中,属于典型的多头管理,例如,就水体污染而言,环保、林业、渔政等部门都可以插手,因此,有“九龙治水”之说。这些年来,由于环境问题的持续恶化,国家对环境问题的重视,使得国家环保部门的地位有所上升,这客观上打破了现在的环保利益格局,因此,在一些具体的领域上,环保部门与其他部门的“摩擦”也在逐渐增多。尤其是国家环保部门与有关部门在一些产业布局等问题上的分歧增多。

有学者曾对怒江反坝运动等自然保育运动进行研究,他们的研究表明,这些年来,国内的一些民间环保组织负责人与国家环保部门的官员之间已经形成了良好的互动关系,他们在一些重要的事件中相互配合、相互支持,从某种意义上,已经结成了较为稳固的联盟。

当然,一般的居民和农民很难拥有民间环保组织的关系资源。在没有组织的支撑之下,一般也很难形成与某些地方政府之间的稳定联盟。但是他们同样可以通过关系网络的运作获得部分政治精英的支持,为抗争维权赢得机会与资源。例如学者通过对发生在某社区的绿色运动的人类学研究展现了市园林部门、市环保部门等同一级别的政府职能部门之间在市民护绿运动中的分化,而正是这种分化使得抗争的居民能够运用市园林、市政府的其他关系网络对抗侵权的街道办事处,为抗争维权赢得了更多的机会空间。①

## 三、农民对于分化的行政体系的感知及其后果

"分化的行政体系"实际上是一种客观的政治机会。其要产生作用,还需要了解农民眼中的国家观念的变化及其后果。

有两项研究值得我们重视,一是李连江关于中国农村的政治信任的研究,二是胡荣关于农民上访的研究。

为了更系统地评估中国农民对国家的信任度,李连江从 1999 年 10 月到 2001 年 7 月调查了三省四县的 1600 名村民,请调查对象分级排列出五级党委(和支部)——中央、省、县、乡镇和村——在民众中享有的威信。威信分为五级:(1)很高;(2)比较高;(3)一般;(4)比较低;(5)很低。

① 石发勇:《关系网络与当代中国基层社会运动——以一个街区环保运动个案为例》,《学海》2005 年第 3 期。

在对全部五个问题都有回答的1259名调查对象中，有24.8%(312人)对五级党委给予相同的评价。其中122人评价五级党委的威信都“很高”，82人评价“比较高”，96人评价“一般”，另外5人评价“比较低”，7人评价“很低”。这些村民认为各级党委没有什么不同。在他们看来，国家确实是一个整体，它要么值得信任，要么不值得信任。

但是有3/4的受访者(947人)不把国家视为一个整体，他们对不同级别的党委给予不同的评价。在这些人中间，有795人(83.9%)对上级党委评价较好。换言之，他们对村支部和乡镇党委的评价较低，对县委、省委和中央的评价较高。在其余152名调查对象中，有56人给村支部的信任度较高，给予县委、省委和中央的信任度较低。

从总体上说中国农民倾向于把国家“一分为二”，一方是威信较高“上级”，另一方是威信较低的“下级”。他们对“上级”(中央、省和县)的信任和对“下级”(县、乡镇和村)的信任，构成了两个有明显差别的因素。①

胡荣的研究是基于2003—2005年1017份问卷的基础上形成的，他在文章中，要求受访者对党中央国务院、省委省政府、市委市政府、县委县政府以及乡党委乡政府的信任程度进行评价。数据显示，农民对不同层次政府的信任可分为两个因子：农民对党中央国务院和省委省政府信任的“高层政府信任因子”和对市委市政府、县委县政府以及乡党委乡政府信任的“基层政府信任因子”。

① Li Lianjiang, Political Trust in Rural China, Modern China, April 2004.

农民对高层政府的信任度较高,但对基层政府的信任度却偏低。①

对上级与下级(或高层官员与基层官员)政治信任的差异意味着抗争农民大都不把国家当作铁板一块的系统。正因为此,他们希望通过"持续的上访"和集体抗争以引起上级部门的注意与重视,进而解决自己的问题。例如,李连江指出,"受访人对'上级'和'下级'的信任度差别越大,他就越有可能参与一种或多种抗议活动"②。

① 胡荣区分的"高层政府"与"基层政府"与李连江区分的"上级"与"下级"的具体含义有所不同。胡荣:《农民上访与政治信任的流失》,《社会学研究》2007 年第 3 期。

② Li Lianjiang, Political Trust in Rural China, Modern China, April 2004.

# 第六章 动员结构与集体行动

社会运动组织的重新发现是资源动员论的一大贡献。"在资源动员论看来,社会运动是一种有组织的集体行动,涉及了资源整合、领导分工、谈判协商的组织过程",而"事先存在的人际网络的概念点出了社会结构的开放性。要求改变社会的运动并不是完全地脱离既有的社会结构,在许多时候,反而是利用现存的管道进行成员招募理念传播。"①据麦克亚当、麦卡锡和佐尔德的定义,这种促成集体行动参与的正式或非正式管道即是动员结构。大致来说,集体行动的动员结构可以分为社会运动组织和事先存在的人际网络。② 显然,西方学者对于动员结构的组织与网络的关注是基于其本土的现实,即存在大量的社会运动组织的基础之上的。而在中国,这种组织的基础并不存在。倒是在西方动员结构理论

---

① 何明修:《社会运动概论》,台北三民书局 2005 年版,第 114 页。

② McAdam, Doug, John D. McCarthy and Mayer N. Zald, "Introduction: Opportunities, Mobilizing Structures, and Framing Procsss: Toward a Synthetic, Comparative Perspective on Social Movements", in Comparative Perspectives on Social Movements, eds. by Doug McAdam, John D. McCarthy and Mayer N. Zald. Cambridge: Cambridge University Press, 1996, pp.1-20.

中相对不受重视的“事先存在的人际网络”对于理解中国农民的集体行动具有相当的借鉴意义。

有关中国的集体行动的动员研究中，很多学者已经开始强调关系网络的重要性、“社区网络与集体行动的关联性”。在城市社区维权研究中，石发勇以一个街区的环保运动为个案，得出了“关系网络是影响城市基层维权运动爆发及其结果的重要因素”的结论。① 曾鹏则主要考察“不同的社区网络如何影响集体行动生发的可能性、表现形态和行动绩效”，他得出如下结论：“融合性社区网络有利于提高集体行动生发的可能性，同时以理性温和有序的形态出现，因而降低集体行动的社会破坏力，促进社会整合。”②在农村社区抗争研究中，有学者通过三起对农民的环境抗争案例分析表明，中国文化在动员的过程中扮演了重要的角色。在动员过程中，村民们常常诉诸亲属关系、宗教、道德意识、传统的公正观等资源。③ 王国勤则以林镇的三起群体性事件为例，以社会网络理论作为分析工具，得出了“在乡镇社会里，社会网络所提供的社会资本的总量同集体行动的暴力水平呈反比。具体来说，社会网络所提供的社会资本的总量越高，集体行动越倾向于常规化或非暴力；社会网络所提供的社会资本的总量越低，集体行动越倾向于破

---

① 石发勇：《关系网络与当代中国基层社会运动：以一个街区环保运动个案为例》，《学海》2005 年第 3 期。

② 曾鹏：《社区网络与集体行动》，社会科学文献出版社 2008 年版，第 242 页。

③ Jing, Jun., “Environmental Protests in Rural China”, In Chinese Society: Change, Conflict and Resistance, edited by Elizabeth Perry and Mark Selden, New York: Routledge, 2000, pp.143-160.

坏或暴力”。①

在中国农村,依附在日常生活网络的动员网络,有利于沟通信息、强化认同,降低行动成本并克服“搭便车”的困境。而随着互联网和手机短信等新型传媒在农村的不断发展,信息传播的速度加快,行动更难以被管控。当这两种网络结合起来的时候,就组成了“熟人网络—新型传媒”动员结构,其动员将会更加快速、扩散性更强,这使得集体行动得以迅速地形成。以上关于“社区网络、关系网络与集体行动生发与结果的关联性”的研究具有启发意义。但是,这些研究中对于中国集体行动中的独特的动员结构缺乏关注,这不利于理解集体行动,尤其是在农村的集体行动。而在分析动员结构时,首先要关注动员发生的社会场域及结构。因此,只有把农村集体行动动员置于独特的乡村的社会结构中,才可能把握农民集体行动的动员机制。从动员结构的角度而言,村落社会的两个重要特征对于集体行动的发生起到了重要的作用,一是村落社会中既存的错综复杂、相互交织的关系网络,二是手机、网络等新型的通信、沟通工具的迅速普及与发展。

## 第一节 熟人网络与集体行动

### 一、熟人社会:理解乡村动员结构的起点

熟人社会,更通俗地说就是“小圈子”社会,一般认为是 20 世

① 王国勤:《社会网络下的集体行动——以林镇群体性事件为案例的研究》,中国人民大学政治学博士学位论文,2008 年。

纪费孝通在《乡土中国　生育制度》提出的概念。费孝通认为，中国传统农村是一个熟人社会，它建立在亲缘、地缘、业缘的基础之上，具有明确的地域界限。“乡土社会在地方性的限制下成立生于斯、死于斯的社会。常态的生活是终老是乡。假如在一个村子里的人都是这样的话，在人和人的关系上也就发生了一种特色，每个孩子都是在人家眼中看着长大的，在孩子眼里周围的人也是从小就看惯的。这是一个‘熟悉’的社会，没有陌生人的社会。”①熟人社会的特点是人与人之间存在一种私人关系，人与人通过这种关系联系起来，构成一张张关系网并形成农村的社会关系网络。“聚落而居”是传统村落社会的一个很重要的特点，“中国农民不是孤立地生活的，而是密集于村里。亲属组织和需要相互保护这两个重要因素，造成了这样的情况。在中国，兄弟们平均地继承了他们父亲的土地，他们都企图留在同一块土地上。如果附近有其他空地的话，这个家庭可能扩展出去，并且，在经过几代之后，一个家族的村庄就可能会发展起来。大家是亲属的事实使人们在同一地方一起生活着。……这种农业家庭的集中，我们称之为村庄”②。这样一种“聚落而居”的村庄与城市社区相比，其同质性更高，相互之间的熟悉程度也更高，于是构成了一个没有陌生人的熟人社会。

在中国现代化和城市化的进程中，学界普遍认为中国传统熟人社会发生了明显的变化：(1)市场经济体制改革正引起中国社

① 费孝通：《乡土中国　生育制度》，北京大学出版社1998年版，第9页。

② 费孝通：《中国绅士》，中国社会科学出版社2006年版，第60页。

会结构的深刻变迁，注重亲情关系和地缘关系的熟人社会即将终结，而以市场竞争机制为指导的陌生社会已经到来；(2)熟人社会是与陌生人社会相对立的范畴，它会妨碍市场发展和社会法治化建设，因此我们需要转换政府的职能，充分发挥市场和民间的积极作用。换言之，熟人社会具有“落后性”和“消极性”。这种批判的态度在西方许多社会学家中也可以看得比较清晰，比如藤尼斯指出这是基于血缘关系的熟人社会向社区的转型，而梅因认为这是传统血缘身份向契约身份的转变；涂尔干则提出它们之间的区别在于“机械团结”与“有机团结”的差别；雷德弗尔得则把熟人社会视为“乡村”，以与城市文明生活方式相区分，而按照美国社会学家帕森斯的理解：“制度是规范的一般模式，这些模式为人们与他们的社会及其各式各样的子系统和群体的其他成员互动规定了指定的、允许的和禁止的社会关系行为的范畴。在某种意义上，它们总是有限制的模式……制度在社会中处于与权利和义务相对的地位，与既定地位的个人所处的情境结构相对，并且它们规定了制裁和使之合法。”①因此，我们说中国传统的熟人社会就是以儒家的学说为基准，建立起一套法律和实践系统，并通过传播逐渐深入到习俗之中。

时过境迁，中国的村落社会发生了诸多的变化，行政村逐步替代了传统自然村落的一系列功能。因此，有学者指出，“行政村虽然为村民提供了相互脸熟的机会，却未能为村民相互之间提供充

① ［美］帕森斯：《现代社会的结构与过程》，光明日报出版社 1988 年版，第 144—145 页。

裕的相互了解的公共空间”。基于此,该学者提出一个所谓的“半熟人社会”的框架,即所谓的强调契约规章、能人政治等。① 但是,对于自然村落是一个熟人社会的立论,该学者也是持肯定的态度的。这意味着,“熟人社会”依然是理解乡土中国的基本视角。这个熟人社会的特性一是“近”,二是“亲”。所谓近,即圈子封闭,活动范围狭小,形成一个面对面的人际交往结构,属于一种地缘关系;所谓亲,就是村落中人们多为各种亲缘关系所网络,形成了一种普遍化的亲缘秩序。鉴于人情、面子、信任、规则等在中国人际关系中的相关稳定性,理解中国农村的集体行动需要确立熟人社会的视角。

在熟人社会中,血缘、姻亲、地缘等等各种关系错综复杂,相互交织,从某种意义上说,关系网络结成的关系共同体就构成了乡土社会本身。如阎云翔指出,“村民将他们的关系网络看作是社会的基础。对于他们来说,关系构成了他们的本土小世界,在其中有他们自己的道德规范,人与人之间以此为依据相互交往。在这个小世界中,关系是 Mauss 所说的总体性社会现象,因为关系在这里为个人提供了囊括经济、政治、社会以及业余活动的社会空间”②。当关系共同体与村落社会成为一个同质性的概念时,关系网络就构成了村落熟人社会的经络,其在村落熟人社会中的重要性也就凸显出来。

---

① 贺雪峰:《乡村治理的社会基础——转型期乡村社会性质研究》,中国社会科学出版社 2003 年版,第 49、53 页。

② 阎云翔:《私人生活的变革:一个中国村庄里的爱情、家庭与亲密关系(1949—1999)》,龚晓夏译,上海书店出版社 2006 年版,第 45 页。

## 二、熟人网络及其在集体行动中的作用与优势

一个关系网络紧密结合的熟人社会客观上为集体行动的发生发展提供了管道。如学者指出，“在日常生活中，既有的家族、邻里、朋友、教友、同事、同学关系都是重要的人际网络，可以提供社会运动的管道”①。当今，以家族、地缘、宗族等为核心的熟人关系网络已经成为农村集体行动的管道基础并承担了沟通、团结的功能，具有其独特优势。

### 1. 熟人关系网络：农村集体行动的管道基础

（1）家族网络与动员。从生活实体的角度考虑，中国人所说的家族一般是以五服为界。理解中国的村落家族乃至社会生活，没有亲属关系这个坐标系是困难的，或者说是难以透彻认识。亲属关系以一定的血缘关系作为生物学的基础，但亲属关系不仅仅是生物学的关系，它们也属于社会学的关系。例如，婚丧嫁娶、日常生活中的互助与互惠。按照传统的家族定义，家族是以血缘关系为基础的男性继嗣群。而在今日农村，姻亲的人际联系功能也越来越强，其在社会生活中发挥着重要的作用。② 当今，通过血缘、姻亲等亲缘关系进行动员是农村集体行动中较为常见的方式，其在集体行动中也会发挥重要的作用。例如，在 P 县事件中，在发动村民参与诉讼的过程中，其中，一些积极分子就是通过血缘、

① 何明修：《社会运动概论》，台北三民书局 2005 年版，第 106—107 页。

② 杨善华、沈崇麟：《城乡家庭——市场经济与非农化背景下的变迁》，浙江人民出版社 2000 年版，第 130—136 页。

姻亲关系的口口相传,把信息和其中的利弊讲清楚,使得有上千人参与了签名并支持集体诉讼。

(2)地缘网络与动员。基于成员间空间或地理位置关系而形成的群体叫地缘群体,包括邻里、老乡、民族社区等等具体形式。在农村,自然村仍是村民生产、生活活动的主要发生地。人民公社化强化了农村的地缘联系,共属一个生产队的村民居住在一起,常年从事集体劳动,增强了人际交往和沟通。这种地缘关系因其中渗透的行政管理、人情往来、共同经济利益(如与地缘有关的水利、生产协作等)等得到不断地加强。① 因此,我们经常会看到在帮工、婚丧嫁娶等情况下,邻里之间会形成一个较为紧密的互助网络。这样一种以地缘为基础的网络在集体行动中作用明显。在P县X村调研的时候,我们曾多次去章金山家中,他家门口每次都聚集了十几个村民。而章金山的"P县绿色之家"的办公室也就设在他家的一楼。对于其中的大部分村民,我们都有接触,以章金山的左邻右舍居多。这些村民也是在集体诉讼、集体募款过程中出力最大、最多的。

(3)宗族网络与动员。宗族是同宗同姓同地域的各个家族结成的群体。尤其是在东南沿海等宗族观念较为强盛的区域,宗族在农村的抗争过程中也是非常重要。P县地处的福建,而福建是中国宗教社会表现最为明显,聚讼而居是其历史传统。② 在中国

① 仝志辉:《农民选举参与中的精英动员》,《社会学研究》2002年第1期。

② [美]莫里斯·弗里德曼:《中国东南的宗教组织》,刘晓春译,上海人民出版社2000年版。

农村宗族血缘内部，关系到宗族集体最大利益时，个人利益一般服从于集体利益，否则，我们无法解释宗族械斗时，双方宗族组织都能动员全体男性加入到流血冲突行列中去。① 而在宗族观念强的地方，宗族就是认同单位。②

2. 熟人关系网络在农民集体动员中的功能

由于基于家族、地缘、宗族等熟人关系基础上的动员网络附着于日常生活的各个领域，那么这个网络就无所不在。费孝通先生认为，中国的社会关系是按着亲疏远近的差序原则来建构的，中国人在处理己与群的关系时就好像把一块石头丢在水面上所发生的一圈圈推出去的波纹。每个人都是他的社会影响所推出去的圈子的中心。被圈子的波纹所推及的就发生联系。每个人在某一时间某一地点所动用的圈子是不一定相同的。这种关系就像水的波纹一般，一圈圈推出去，愈推愈远，也愈推愈薄③。费孝通先生指出，最能说明差序的便是传统文化最讲究的人伦。而人伦是什么呢？"我的解释就是从自己推出去的和自己发生社会关系的那一群人里所发生的一轮轮波纹的差序。"④人伦之所以能说明差序，在于规定了差序格局的内容，即差等。在农村的集体行动中，人伦关系

① 甘满堂：《暴力下乡·社区资源动员与当前农民有组织就地暴力抗争——以福建沿海三起暴力抗争性集体行动案例为研究对象》，"经济全球化进程中的和谐社会建设与危机管理"国际学术研讨会论文集，重庆，西南政法大学，2007年12月13—15日。

② 何雪峰：《农民行动的逻辑：认同与行动单位的视角》，《开放时代》2007年第1期。

③ 费孝通：《中国绅士》，中国社会科学出版社2006年版，第26页。

④ 费孝通：《中国绅士》，中国社会科学出版社2006年版，第27页。

网络具有如下两个方面的功能,一是沟通信息,二是强化认同。

(1)熟人动员网络具有沟通信息的功能

由于信息在熟人之间传递,使得信息能够迅速准确地被传播,而且其更容易被接受。恰如麦克亚当所指出的,“透过自主的沟通网络,个体比较有可能接受外来的讯息,理解改变现状的可能”。① 信息在熟人之间的传递,还有利于“认知解放”。如生存环境受到破坏后,会引致村民的不满,但村民一般不会主动地把生存环境破坏与污染企业的“剥夺”联系在一起,当抗争的积极分子借助熟人关系网络不断地强调两者之间的相关性时,村民就会从“环境不正义”的角度思考问题,进而促发其参与抗争的可能性。一个典型的案例是湖南岳阳事件。2006 年 9 月 8 日,岳阳县新墙河水体受到企业非法排放的砷的污染,导致岳阳县自来水厂砷严重超标,政府果断决定使用消防车从岳阳市区运水。其间地方政府做了大量的工作,也对村民与城镇居民的恐慌情绪起到了一定的稳定作用。在 9 月 19 日、20 日,岳阳县突然爆发了大规模的游行示威事件。其主要原因是由于人们对于地方政府的认知发生了变化,其中的主要原因是由于在村民之间广泛流传如下的信息:“在政府公开宣布可以放心饮用自来水之后仍有消防车在夜间向政府大院供水”。②

(2)熟人动员网络具有强化成员认同的功能

熟人动员网络具有强化成员认同的功能在熟人社群中,是否

① McAdam, Doug, Political Process and the Development of Black Insurgency, 1930-1970, Chicago: Chicago University Press, 1982, p.50.

② 童志锋、卢昱:《湖南岳阳砷污染事件中的政府、公正、媒体与NGO》,中国环境文化促进会,2007 年。

参与某项集体行动作,往往成为成员可以炫耀的资本,这客观上对那些不参与者形成了一种压力,甚至可能会使得不参与者边缘化。反之,参与集体行动的成员获得了更高的认同感。也就是说,成员会把自己的参与当作实际的报酬,而不是要承受的代价。

在熟人社群中,参与的过程有的时候比参与的结果更为重要,这主要是因为熟人网络能够为其提供认同感,使其在行动中获得满足感或成就感。例如,在 D 市事件中,H 村(共有六个自然村)的一些老农搭竹棚阻止化工厂的车辆进入,坚持了四十多天。白天,他们都会在竹棚中聊天,交换流传的各类小道消息,老人把参与的过程作为一种荣耀。

3. 熟人关系网络在集体行动动员中的优势

(1)基于熟人关系上的动员网络凭借的是去中心化的微观传播管道,因而也不易为对手发觉而遭到破坏

不同于正式组织的科层化的传播管道,熟人之间的沟通具有去中心化的特点,而且这种传播不需要借助专门的管道,在日常生活与交往中就可以迅速地完成。例如,通过茶余饭后的闲聊、通过手机短信的传播等方式。因此基于此基础上的动员网络无所不在,令对手防不胜防。尤其是,在不同的事件中,这个网络可能呈现出不同的形态。这就是使得其更难为对手发觉而遭到破坏。由于依附既有的网络基础,基于熟人关系的动员网络有利于降低集体行动的成本。

(2)由于依附既有的网络基础,基于熟人关系的动员网络有利于降低集体行动的成本

当集体行动通过组织发起的时候,无论这种组织是科层制的

还是扁平化的,都会存在成本问题。对于科层化组织而言,要维持其正常的运作,必须要有一定规模的资源的累积,但并不是所有的行动议题都能够跨越这道资源门槛。对于那些大型的科层化的组织,运作的效率成本同样很高。扁平化的组织也存在成本的问题,整天地讨论,又常常议而不决。而基于熟人关系的动员网络,早有便捷的沟通渠道,因而动员成本往往很低。

(3)基于熟人关系的动员网络有利于克服集体行动的"搭便车"困境

"实际上,除非一个集团中人数很少,或者除非存在强制或其他某些特殊手段以使个人按照他们的共同利益行事,有理性的、寻求自我利益的个人不会采取行动以实现他们共同的或集团的利益。"①这就是奥尔森有关集体行动的"搭便车困境"。其后,奥尔森在其书中提出了解决"搭便车"困境的途径,如"选择性激励"。有学者把奥尔森的"选择性激励"概括为三种类型,即"小组织原理""组织结构原理"和"不平等原理"。奥尔森的解决办法实际上都是从组织角度入手,"如果想要获取公共物品的话,我们必须有组织并且必须使该组织中的有些成员享有更大的权力和荣誉;特别是,当组织规模很大时,该组织内部还必须分层分工,以使组织内部的每个分支结构都符合小组织原理。"②所谓"小组织原理"其意涵是:人数较少时,个体成员的参与对集体行动的成败影响就

① [美]曼瑟尔·奥尔森:《集体行动的逻辑》,陈郁等译,上海三联书店、上海人民出版社1995年版,第2页。

② 赵鼎新:《社会与政治运动讲义》,社会科学文献出版社2006年版,第160页。

会很大，而且成员之间便于监督，组织就可以对那些参与者提供奖励，对不参与者进行惩罚。

由于动员网络植根于既有的人际关系网络，实际上形成了多重“小群体”。而且，不同于一般意义上的组织，熟人群体之间还存在错综复杂的血缘和地缘关系，这就使得其可以轻易地占用集体认同，因而“搭便车”的问题容易得到解决。

## 三、公共空间：动员网络的支撑平台

人的分布和居住形式会对人们的行为产生重要的影响。一般而言，在其他条件相同的情况下，人们居住的越紧凑，人们之间的被动接触和主动交往就会越频繁，就越有利于信息的传播。① 但是，对于那些居住在密度太高（如高层建筑）的居民，反而会妨碍其相互交往。② 无论是“聚落而居”的自然村落，还是规划的行政村，相对于高楼林立、大门紧闭的城市社区，其空间结构都有利于信息的广泛传播。

以发生了 D 市事件的画溪为例，在通往化工园区的道路两旁，总共有六个村庄，分别是画溪一村、二村、三村、四村、五村和六村。这六个自然村构成了 H 村。由于 D 市地处浙江，属于民间资本较为发达的地区，基本上家家户户都盖有三至四层的小楼，而且基本上是由村委会统一进行规划的，这样就使得以前的自然村落

① Case, F. Duncan, “Dormitory Architecture Influences”, Environment and Behavior 13, 1981, pp.23-41.

② McCarthy, Dennis, and Susan Saegert, “Residential Density, Social Overload, and Social Withdrawa, l” Human Ecology 6, 1978, pp.253-272.

仍然能够“聚落而居”。不同于城市社区的是,即使住在单独小楼中的村民仍然保持了原来的生活习性,如小楼之间的过道成为村民聚首的地方。很多农妇就直接在过道中做事,如摘菜、洗衣等。这样一种“聚落”的空间结构有利于信息的传播,成为动员网络的支撑平台。

另外,H村的老年人活动室也为村庄中的老年人提供了相互交往的空间。平时,很多老年人,主要是男性,就在活动室和周围打牌、下棋、聊天等等。此类的公共空间为老年人之间的交往创造了良好的条件。而老年人在此形成的网络对于集体行动的发生产生了重要作用。在H村,总共有四个老年人活动室,同时也是老年人协会的活动中心。常去老年人活动室的老人很多也是协会的积极分子。他们在这样一个公共空间中相互交换信息,创造集体认同,从而形成了强大的动员网络。由于常去活动室的老年人常常形成不同的趣缘群体,因而这个网络常常超越了自然村落。这反而促使画溪六个自然村之间能够形成较好的合作。例如,在暴力事件发生之前的守竹棚地四十多天中,每个自然村落的老人都能积极参与,大家能够井然有序地轮流守棚。

以发生P县事件的X村和L村为例,公共空间同样发挥了重要的功能。在X村中,维权积极分子聚会的空间是章金山的家门口。章金山的诊所开在一楼,村民中一些人经常来此看病,自然形成了一个讨论的公共空间,大家相互交流感受。在诊所被封之后,诊所又成为“P县绿色之家”的办公处,村民们还是在此聚集。在L村,在其村前的小河上有一个二十平方米左右的木亭,该木亭成为该村村民经常闲聊、沟通的地方。笔者曾经这样写道:

在一个传统的村落中,公共场所往往扮演着极其重要的功能,信息从这里传播,人际网络从这里构建,社会资本从这里诞生。而我所处的这个木亭恰恰是村里的公共场所,我能想像在这个村里繁荣时,这里聚会议事的场景。可能和章金山的诊所一样,这个木亭,小卖部等公共场所形成了一个村落的公共空间。

总体而言,由于农村独特的居住空间与相对多样的公共空间,使得农民之间的动员网络能够较快地形成。其中,供老年人之间交往的公共空间,如老年人协会办公室等尤其发挥了极为重要的作用。

## 第二节　新型传媒与集体行动

### 一、新型传媒的发展及其对集体行动的影响

一般而言,新媒体是相对于报刊、户外、广播、电视四大传统意义上的媒体而言的,它是指新的技术支撑体系下出现的媒体形态,如互联网、手机短信等。这些新型媒体一经出现就被运用到社会抗争中。

1. 互联网的发展及其对集体行动的影响

1994 年,中国接入互联网。当年,互联网用户不过一万人左右。1997 年 10 月,在第一次互联网络发展统计报告中,网民的人数还只有 62 万。截至 2007 年 6 月,中国网民总人数达到 1.62

亿,2011年6月底,中国网民规模达到4.85亿,互联网普及率达致36.2%,其中,农村网民规模为1.31亿,占整体网民的27.0%。截至2017年6月,中国网民规模高达7.51亿,互联网普及率为54.3%,农村网民规模2.01亿,占整体网民的26.7%。

目前,互联网功能可以区分为五大类型:即时通信、搜索引擎等基础应用类,网络购物、网上外卖等商务交易类,互联网理财、网上支付等网络金融类,网络游戏、网络文学等网络娱乐类,在线教育、网约车等公共服务类。根据2011年6月的统计,反映互联网信息获取的应用主要有搜索引擎、网络新闻,其使用率分别为79.6%、74.7%。起到交流沟通工具作用的网络应用主要有即时通信、博客和个人空间、微博、社交网站,其使用率分别为79.4%、65.5%、40.2%、47.4%。而微博的迅速发展尤其值得关注,由于其形式精简,能够满足多层次的社交需求,使得信息能够在短时间内病毒式地大规模扩散。截至2011年6月底,微博用户达到1.95亿,半年内增长了超过两倍,增长率为208.9%。据第40次《中国互联网络发展状况统计报告》,截至2017年6月,即时通信用户规模达到6.92亿,占网民总体的92.1%。其中手机即时通信用户6.68亿,占手机网民的92.3%。搜索引擎用户规模达6.09亿,使用率为81.1%,手机搜索用户数达5.93亿,使用率为81.9%。网络新闻用户规模为6.25亿,网民使用比例为83.1%。其中,手机网络新闻用户规模达到5.96亿,占手机网民的82.4%。微信朋友圈、QQ空间作为即时通信工具所衍生出来的社交服务,用户使用率分别为84.3%和65.8%;微博用户达到2.91亿,用户使用率达38.7%。

互联网的迅猛发展拓展了社会的空间，这就使得人们之间的信息传播与互动更为经常。而且，由于网络空间的相对开放性与匿名性，情绪化、煽动性的语言也充斥在网络之中，一些人会受到这些言论的影响。

2. 手机短信被广泛运用到日常生活及其影响

2000 年全国移动电话用户 8526 万户，2002 年达到 2.07 亿户，2006 年突破 4 亿户，2010 年达到 8.59 亿户，10 年增长了 10 倍。截至 2016 年年底，全国移动电话用户 13.2 亿，移动电话用户普及率达 96.2 部/百人。手机短信是在 2000 年的国际电信日（5 月 17 日）最早由中国移动开通的。信息产业部《2001 年通信业务发展统计公报》显示，“移动短信及各类信息服务业务普遍受到用户欢迎，发展迅速”，但是没有公布短信的业务量。2002 年，短信的业务量达到 793 亿条，每户平均发出近 400 条短信；2010 年，各类短信发送量达到 8317 亿条，每户平均发出近 1000 条短信。2012 年，移动短信业务量为 8973 亿条。此后，由于微信等及时通信的广泛使用，移动短信业务量呈现出逐年下降的趋势。2016 年，全国移动短信业务量 6671 亿条。即便如此，手机短信仍然是维系人与人之间社交的重要手段。

根据中国国家统计局 2008 年 1 月 21 日公布的《第二次全国农业普查主要数据公报（第 1 号）》，截至 2006 年年底，农民平均每百户拥有固定电话 51.9 部、手机 69.8 部、电脑 2.2 台。2016 年农村居民平均每百户拥有移动电话 241 部，比 2012 年增加 43 部。

移动电话拥有量的持续增长，手机短信使用频率的增长，使得信息的流动与沟通更为迅速。值得重视的是，由于中国的社会结构并不是以个人为基础,而是以家庭为基础,户在日常社会生活中发挥着极为重要的作用。在信息的传播过程中,只要家庭中的一个人获知了信息,全家就得到了信息。而且,其行动基本上是以户为单位的。

## 二、互联网在集体行动动员中的作用

互联网是继电视兴起后的一个新型媒体,它的应用范围日益扩张,用户不断增多,成了电视之后改变人们生活的又一新的传媒技术。已有很多学者开始关注互联网对于未来社会的影响①。尤其是互联网一经出现,马上被应用到社会运动的动员。曼纽尔·卡斯蒂尔斯和艾伯托·梅卢西则直接指出,新的信息技术对引发现代形式的争议与抗议起着极为重要的作用。② 在中国,互联网的出现对于集体行动具有如下作用。

1. 互联网的出现加快了信息的传播和人与人或组织与组织之间的通信和联系,使得集体行动更加容易发生

有的时候,在发生了集体抗争事件之后,地方政府从维护社会稳定的角度出发,会对报刊、电视、电台等信息传播手段进行一定的控制。在这样的情况下,相对开放、不易受到控制的互联网就成为诸多的行动者传播信息,获得最新消息的阵地。恰如

① Crystal. David, Language and the Internet. Cambridge: Cambridge University Press, 2001; Chayko. Mary Connecting: How We Form Social Bonds and Communities in the internet Age, Albany: State University of New York Press, 2002.

② [美]安东尼·奥罗姆:《政治社会学导论》(第4版),张华青等译,上海世纪出版集团2006年版,第245页。

有学者指出，互联网在中国快速发展的最重要意义是为公众提供了能相对自由地表达的网络空间。网络空间对公众参与社会与政治生活有如下的功能：第一，它具有信息传播的功能，网络上发表的帖子、新闻、信息能被所有人阅读。第二，传播不受空间的限制，个人发表的观点和信息能够即时传播到全国乃至全世界。第三，人人可以参与网络论坛的讨论，个人发表的信息和评论常引起来自各地的回应，从而鼓励更多公众的参与。这种通过网络而形成的大规模公民参与是任何其他媒介形式都无法达到的。第四，网络空间还可以成为发起和组织社会运动的一个平台。①

在福建F县案例中，2007年12月16日，福建省委通过决议，PX项目从厦门海沧区迁建，预选地设在漳州市东山湾北岸的漳浦县古雷半岛。消息一经传出立即引起当地民众反弹和恐慌。之后，漳州的一些网友就开始在网络上大量地发帖，对迁建进行了质疑。笔者保存了来自“豆瓣”网的一个帖子：“福建决定将厦门PX项目迁建漳州。”该帖首发于2007年12月20日，之后有不少跟帖。其中反对迁建的居多，摘录几则如下：

> 凭什么?！漳州的环境比较不值钱吗?！（2007年12月20日，网友“wiwe”）
>
> 漳州人民也来搞个游行反对……（2007年12月20日，

① 洪浚浩：《中国的网络舆论：在国际关系领域与政府的互动》，《当代中国研究》2007年第2期。

网友"good 热狗")

先别下结论,还没确定移到漳州,估计月底到下月初有结果。目前我不反对也不赞成,但我疑惑,为啥就他们单方面决定迁不迁,也不问问咱漳州人民。(2007 年 12 月 21 日,网友"水")

诸如此类的讨论与争论在网络空间中非常之多,使得迁建漳州的消息得到广泛流传。2 月 25 日,迁建漳州的消息获得证实,网络空间的质疑帖子越来越多。2 月 29 日,效仿厦门手机传播"散步"的经验,东山岛内部分民众走上街头抗议 PX 项目落地漳州。

2. 由于互联网对于社会结构和社会利益的沟通模式的重新构造,使得群众在其利益诉求没有得到满足的情况下,会在网络上宣泄情绪,容易激发集体行动

传统体制下的信息沟通和利益表达是垂直性的,通过金字塔形的工作体系实现由上到下和由下到上的转换。这也不可避免带来信息传递的高成本,随着信息传递的关节越来越多,高层信息落实到基层,也有可能会发生执行面上的扭曲。反之,基层的利益表达也存在高成本和由下到上利益表达的困难。

互联网基本上实现了超越空间性和跨越层次性,使得社会结构从纵向金字塔形态向横向的扁平化改变。社会结构的变化,一方面是对传统的等级结构体制的冲击,同时会削弱其功能;另一方面,也会促进基层社会利益的直接表达。恰如郑杭生教授指出,"当代科学技术的创新和应用引领着社会的信息化、符码化、数字

化和网络化，提供了使失谐因素被激活的结构性条件，从而更易形成社会矛盾，更易引发社会动荡”①。

环境问题是一个日益引起民众关注的问题，当地方政府部门处置不当的时候，现有的等级体制无法及时把民众的声音传递到上级部门的时候，民众就有可能直接在网络空间表达观点、进行情绪宣泄、甚至谩骂，以希望形成“网络民意”或“网络舆论”而直接引起上级部门的重视与关注。

### 3. 互联网的强互动性、超越时空性和匿名性等特点为网络串联提供了条件

互联网与传统媒体的最大不同是它有很强的多人互动性、超越时空性和匿名性。多人互动性使得具有相同兴趣的人能够迅速地聚集在一起，超越时空性降低了日常动员的成本，而匿名性则降低了动员的风险，这些促使网上的串联更容易发生，而网上的串联又极容易转化为现实中的串联。尤其是，在一个匿名化的网络社区中，人们更容易极端和情绪化，反而容易促进一些抗争活动的发生。

由于年轻人的价值观还在不断地形成的过程中，他们更容易偏激、逆反，往往会成为社会运动中的活跃分子。而根据《第20次中国互联网络发展状况统计报告》，30岁及以下的网民比例甚至超过了七成（70.6%），这个数字还在不断地上升，这意味着通过互联网的集体行动有可能会增多。

① 郑杭生、杨敏：《社会实践结构性巨变对理论创新的积极作用——一种社会学分析的新视角》，《中国人民大学学报》2006年第6期。

## 三、手机短信在动员中的作用

手机短信的出现同样对社会运动起到了推波助澜的作用。查尔斯·梯利在《社会运动,1768—2004》一书中引述了发生在菲律首都马尼拉反对时任总统约瑟夫·埃斯特拉达总统的经典案例。2001年1月16日,将近午夜,菲律宾首都马尼拉及其周边地区的移动电话之间频频传递着一条短信“Go 2EDSA,Wear blck”。一个小时内,数万人聚集在被马尼拉人称为EDSA的乙沙大街。此后的四天里,有超过一百万人聚集在马尼拉市区,并且身穿黑衣,直至约瑟夫·埃斯特拉达总统下台。霍华德·莱茵戈尔德(Howard Rheingold)将马尼拉的社会运动视为“机灵的乌合之众”(Smart Mobs),并认为通过手机短信联系起来的群体全面控制了社会运动,这是区别于20世纪传统社会运动的重要特征。当然,查尔斯·梯利还是保持了他一贯的谨慎,但即使如此,他也承认,21世纪传媒技术的革新降低了彼此有联系的行动者的合作成本。①

随着农民也开始广泛地使用手机,集体行动的动员方式也在发生着变化。尤其是手机短信成为抗争者之间沟通的一个很重要的手段。其在集体行动中的作用如下:

1. 依赖的主要是现实的熟人关系网络,传播具有指向的确定性,使得信息更容易被接受。一般而言,在手机中存储都是家人、

① [美]查尔斯·梯利:《社会运动,1768—2004》,胡位钧译,上海世纪出版集团2009年版,第131—135页。

同学、朋友等的电话号码，以便利于及时联络。这就构成了一个“以己为中心”的典型的熟人的汇聚。因此，当某个人发送集体行动信息的时候，其对象一般是特定的熟人。在集体行动的研究中，早已证明，相对于陌生人，熟人显然更容易被动员并参与集体行动。从接受者的角度来看，他也更愿意相信朋友、同学等熟人传递的短信信息。

加入某一网络论坛、QQ 群的网友，虽然在网络上很熟悉，但是，相对于手机短信的指向，仍然具有相当的不确定性。因此，并不能保证在网络上传播的信息被绝大多数网友迅速认同。反之，手机短信具有动员指向的精确性的特点。不过，也需要注意，网络空间的容量（同时在线人数等）远远超过手机短信。因此，只要动员其中的一小部分人，就可以导致巨大的后果。

2. 传播的速度快捷、广泛、准确，有利于集体行动的动员。与互联网相比，即时性更强，但是互动性相对较弱。不同于村落中的口口相传，要受到时间和空间的限制，群发的功能使得手机短信具有超时空性。由于隐藏在手机背后的是一个现实的熟人关系网络，一旦信息被不断地转发，就意味着不同人的网络关系被同时调动，短信就会迅速地复制，并呈现出几何级数增长的势头。而且，相对于网络空间的传播，短信的编辑比网络上的复杂，这反而使得大家不愿意轻易修改信息，使得其更为准确，有利于行动的动员。在福建 F 县 PX 事件中，手机短信的动员功能得到了广泛的运用。短信有好几个版本，但是内容大体相同，都强调 PX 项目的极端危害性。通过手机短信的转发与传播，越来越多的 F 县农民被编织到一张庞大的潜在的运动网络中，直接导致了进一步的抗议活动的爆发。

3. 虽然匿名性弱，但由于其即时性并且在熟人中传播，使得其更不容易被对手监控。与互联网相比，手机短信的匿名性较弱（在实行了网络实名制之后，互联网的匿名性也在弱化）。在事后，电信部门很容易追查出信息的发送者。但是，由于其具有即时性的特点，使得短信能够迅速地动员大量的人参与。而且，由于短信基本上是在熟人之间传播，一定意义上增加了其安全性。对于网络，地方政府还可以实施监控，如关闭 BBS 论坛、删除不良信息，但手机短信由于其即时性和在熟人之间传播的特点，使得它的可操控程度大大减弱。因此，信息能够通过短信在短时间内迅速传播，而地方政府则可能毫无察觉。

## 第三节 “熟人网络—新型传媒”动员结构及其作用

熟人关系网络与新型传媒的结合已经在逐渐成为一种较为稳定的动员结构。这样一种动员结构不仅仅是两种网络特性的简单叠加，而且呈现出新的特点。而格兰诺维特（Granovetter）的“强连带”（Strong tie）和“弱连带”（weak tie）有助于对这一动员结构的新特点的理解。

社会关系的强弱程度涉及参与个体的投入成本，一般而言，弱连带是异质性的组合，具有高度的工具性，而强连带则是同质性的组合，往往涉及情感的投入。长期以来，强连带被认为作用很大，因为它联系了相互认识，具有相同属性的人群。但是，自从格兰诺维特在《弱关系的力量》一文中却提出，“弱连带却被视为是个人取得机会以及社区从事整合不可或缺的因素；强连带则滋长了地方的凝聚力，但却又导致了社会整体的破碎化。”①

在社会运动研究中，泰罗运用弱连带分析18、19世纪的社会革命运动。自从印刷革命之后，具有启蒙思想的报纸杂志与书刊将欧洲的读者串联起来，他们共同接受理性主义世俗化的哲学态度，对于专制王权强烈批判。泰罗认为，正是由于弱连带才能联系跨区域、跨阶级的认同，形成强大的革命潮流。相对的，相同阶级成员的强连带可以导致内部凝聚，但是反而无法取得其他阶级成员的支持。② 实际上，弱连带有助于跨群体的信息的沟通，恰如格兰诺维特关于波士顿郊区的一项研究显示：美国的专业劳动者更经常地通过弱关系而非强关系获得工作信息。③ 而强连带能够强化群体内部的凝聚力。

以家族、地缘、宗族等为核心的熟人关系构成的动员网络由于涉及大量的情感投入，显然属于这里强调的强连带，它使得个体与群体之间紧密地联系在一起。但是，在村落地熟人关系网络中，一般获得的资源都是较为同质性的资源，这客观限制了集体行动的力量。而以互联网等新型传媒为核心形成的动员网络则具有弱连

① ［美］马克·格兰诺维特：《镶嵌：社会网与经济行动》，罗家德译，社会科学文献出版社2007年版，第92—93页。

② Tarrow, Sidney, Power in Movement: Social Movements, Collective Action and Politics, Cambridge: Cambridge University Press, 1994, pp.48-61.

③ ［美］边燕杰：《找回强关系：中国的间接关系、网络桥梁和求职》，张文宏译，《国外社会学》1998年第2期。

带的特征。通过这样一个弱连带,参与抗争者能够获得在熟人关系网络中所无法获得的一些异质性资源,如不同村落的人的参与,媒体的支持性报道、NGO 的支持等。这些会推动集体行动的进一步发展。

## 一、强连带的力量:熟人关系网络的建构

### 1. 在运动中构建、强化熟人关系

费孝通先生用差序格局这样描述中国人的社会关系结构:“我们的社会结构本身和西洋的格局是不相同的,我们的格局不是一捆一捆扎清楚的柴,而是好像把一块石头丢在水面上所发生的一圈圈推出去的波纹。每个人都是他社会影响所推出去的圈子的中心。被圈子的波纹所推及的就发生联系。”①即便原本不是亲属、邻里、朋友等关系,在环境运动过程中,由于长期的接触与合作,运动积极分子和普通村民逐渐形成了较为稳定的朋友关系,从而构建一个熟人关系网络。这里以福建 P 县事件为例,探讨在抗争运动中,抗争群体从无组织化到维权组织再到环境正义群体的发展过程,而在此过程中,也形成了以抗争积极分子为核心的抗争熟人网络。

#### (1)无组织化:积极分子的独自上访

从 1994 年到 2002 年 3 月,长达 8 年的时间里,P 县的环境抗争都是处于“无组织化”的阶段,其间,产生了两个上访积极分子,先是柳大元,后是章金山。他们两人都是积极地投诉、上访,但是

① 费孝通:《乡土中国 生育制度》,北京大学出版社 1998 年版。

并没有形成一个稳定的维权小组。

1994 年,R 化工厂建成投产,由于废气和废水任意排放,导致农田河流污染,农民经济受损,P 县的村民开始信访,刚开始是由柳大元领头。

据柳大元回忆,他不仅向县政府、地区政府写材料举报,还直接给中央领导写信。但都石沉大海,没有得到回复。

1999 年年底,章金山第一次给德市环保局和德市市政府写信反映,同样没有回应。随后,他不断地给各级政府、媒体写信反映情况。2000 年下半年买了电脑之后,又不断在网上各大论坛发帖子揭露问题。2001 年 12 月 6 日,他声称收到国家环保总局宣教中心发来的回复邮件,让他们提交正式的投诉材料给指定部门。于是他立即着手准备相关材料。一方面请人实地拍摄录像,并开始有意识地收集证据;另一方面,他马上写了一份正式的投诉书,拿到化工厂附近几个村让村民们签字。村民们也很受鼓舞,将近有 1300 多人签字。不过,这两个指定单位都没有反馈意见。

(2)维权小组:在诉讼中构建熟人关系

维权小组是当今中国环境抗争中最为普遍的形式。这样的小组具有如下的特点:一是暂时性的联合,一般而言,事件结束之后,就自然解体;二是不稳定性,地方政府或者污染企业常常会对此类小组中的核心成员进行压制、分化,因此,小组成员会出现变动。

在 P 县事件中,1999 年章金山参与环境维权后,推动了事件向前发展。由于村民经常到章金山的诊所去看病,诊所成为很多村民讨论村里疾病及其死亡和化工厂污染的主要地方。后来集体诉讼代表的核心人物几乎都是从围绕在章金山诊所经常聊天的村民中选出来的。对于章金山的信访，各级政府反映不一，地方政府基本上对这些信访投诉不置可否。而投诉到国家环保部门的大量的信访信件都被转给省里，省又转到市，市里最后都是督促县里办理，这使得大量的投诉基本上没有起到多大的作用。据章金山介绍，他被县委县政府多次找去谈话，县领导直接给他看了他们的投诉信件，并告知他，"最后还是得县里来处理"。① 其间，政府也开过协调会，但是污染问题依旧，而且，在 1998 年，R 化工厂不但没有停止污染，还开始了第二期工程的扩建。

2002 年 4 月，在法大帮助中心律师的主持下，村民公开选举了诉讼代表，以章金山为核心的五人诉讼代表小组正式成立。

维权小组的成立是事件发展的一个转折阶段，使得环境抗争不再是个别积极分子与一些松散的活跃分子的临时性抗争，而是有了一个相对稳固的弱组织。由于集体诉讼不同于一般的维权，是一个专业性很强的活动，如果没有专业人士的指导，诉讼小组一般很难成立。之后，这个诉讼小组在证据的收集与统计损失方面做了大量的工作。

从 2002 年到 2004 年，在 P 县的环境抗争中，抗争进入了弱组织化阶段。在这一阶段，五人诉讼小组发挥了重要的作用，例如 2002 年 5 月 13 日，诉讼小组组织村民们 24 小时日夜轮流监视采集了 5 种污水水样送至德市、福州市、福建省环保部门检测。之后，小组又发动村老人会、左邻右舍等挨家挨户收集各家的损失状况的资料并进行汇总。

---

① 访谈章金山（调研笔记），2007 年 8 月 6 日，资料编号：PN20070806TZF。

在整个过程之中,诉讼小组做了大量事务性的工作。章金山在其中起到关键作用。地方政府对这起声势浩大的集体诉讼非常头痛,尤其是当有新闻记者、上级政府来访调研的时候,他们往往会“敲山震虎”,多次做小组成员的工作。在无效的情况下,态度会逐渐强硬,比如,有村民这样说,“我们这些人都在公安局黑名单上面,要抓 16 个。章金山、柳大元等三个要狠狠处理一下”①。在 P 县某派出所访谈中,所长也表示在随时关注他们的动态,只要他们危害公共秩序,就处理。

(3)环境正义团体:熟人关系的强化

这里的环境正义团体不同于自然之友等全国性的环保 NGO,基层性是其核心特征,主要专注于社区健康与环境保护,而不是生态保育。

2004 年,P 县绿色之家以组织名义开展活动,从形式上看,该组织是一个较为正式的草根环保社团,它有网站、有章程,也有愿景、使命、核心理念、战略发展目标、迫切的需求等组织发展规划。但是,从大量的村民访谈与实地观察来看,这还只是一个准组织,组织中的分工并不明确。

P 县绿色之家并没有专门的办公场所,就设在章金山家中。2004 年,章金山开始谋求在县民政局正式注册,但由于无业务主管单位,一直未获得回应。2007 年 9 月,民政局通告取缔 P 县绿色之家。绿色之家成立之后,前期以环境诉讼为主,其后也通过写材料的方式参与其他环境问题上的维权。

① 访谈某村民(调研笔记),2007 年 8 月 7 日,资料编号:PN20070807TZF。

有两个原因促使了P县绿色之家的成立,一是受到了地球村、绿色家园、绿色和平等诸多环保组织的帮助;二是如章金山所言:"当时想,要想使我们的行动能够维持下去,产生长远的影响的话,就应该成立个组织①。"事实上,正是由于章金山在环保NGO界不断资助下参加各种会议,使其产生了这样一个想法。最终在环保NGO的帮助下成立了该组织。例如,2004年3月后,章金山首次作为污染受害者代表参与了法大帮助中心与日本环境会议联合在日本熊本大学召开的环境纠纷处理研讨会。同年,他又参与了两次环保NGO领域的会议。也是在这一年,P县绿色之家正式宣布成立。该组织运行的资金大多来源于环保NGO领域的资助。全球绿色资助基金会分别于2004年12月、2005年2月、2006年4月,共计资助绿色之家3100美元。另一环保NGO"绿网"帮助P县绿色之家设计了网站。

2. 熟人关系网络在运动中的运用

(1)邻里网络的运用。在农村社会中,遇到盖房子、婚丧嫁娶等情况,邻里之间会形成一个较为紧密的互助网络。这样一种以地缘为基础的网络在集体行动中发挥着重要作用。在P县事件中,维权核心人物章金山家门口每天都聚集了很多个村民,这些村民大多是章金山家的左邻右舍或者亲朋好友,这些村民也是在集体诉讼、集体募款过程中出力最大、最多的。

(2)家族网络的运用。通过血缘、姻亲等亲属关系进行动员是农村集体行动中较为常见的方式。在P县集团诉讼的准备阶

① 访谈章金山(调研笔记),2007年8月6日,资料编号:PN20070806TZF。

段,要发动村民共同诉讼,其中,一些积极分子就是通过血缘、姻亲关系的口口相传,把信息和其中的利弊讲清楚,使得有上千人参与了签名并支持集团诉讼。

(3)宗族网络的运用。在P县事件中,宗族在增强村民的凝聚力方面还是起到了重要的作用。

村里的宗族势力是很强大的,主要是宋、张两家。两家都建有宗祠。像宋家每年8月初都会举行一次活动、聚餐,会有100多人参加。这可以增加家族的凝聚力。老人理事会是由家族里比较有威望的老人组成。家族聚餐也是由这些老人组织。①

在X村中,家族、宗族与老人理事会的关系错综复杂,很多家族、宗族中的老者本身也是老年人理事会的核心成员。而章金山又在老年人理事会中担任秘书长,使得他们能够共同地推动环境维权。

## 二、弱连带的力量:通过新型传媒链接资源

MaCarthy与Zald在一篇经典论文中曾指出,资源即是金钱和人力。② Lipsky指出,组织资源是构成社会运动的重要因素,但是他只是列举了专业人士的能力与财力两种资源。③ 其实,除了这两项基本的类型,空间、知名度、决策管道等要素也可列入资源的

---

① 访谈宋延寿(调研笔记),2007年8月7日,资料来源:PN20070807ZLJ。

② McCarthy. J. Zald, Resource Mobilization and Social Movements, A Partial Theory. American Journal of Sociology 82,1977,pp.1212-1241.

③ Lipsky. Michael, Protest as a Political Resource. American Politcal Science Review 62,1968,pp.1144-1158.

内容。何明修指出:要详尽地列出所有的资源种类是不可能的任务,也是没有必要的工作。① 简单地说,资源既是社运组织能够控制,并且有助于动员过程的东西。

1. 资源运作与绿色网络的支持

在P县事件中,章金山及其维权小组是如何进行资源运作,其中影响运动发展的关键性资源是什么呢?

(1)信访与初级资源的获得

1999年之后,章金山等人就开始了不断地信访,2000年下半年,为了整理医疗档案,他买了一台电脑。在学习上网的过程中,他也开始利用网络进行投诉,在强国论坛、天涯等大的论坛上频繁地发帖子,他自述“先开始在论坛上发帖子很少人理会,后来附上了一些照片,回的人就比较多了”。② 他还通过电子邮件向各个媒体、政府机构大量地投诉,“能找到邮件地址的有关单位和领导都给他们发了,包括国家的各大部委,但基本都没有回应。”③2001年12月6日,章金山声称收到了国家环保总局宣教中心的回信。2002年1月12日,章金山又声称收到了中央某领导的回信。

之后,他们加紧了向各大媒体的投诉力度。2002年1月,《方圆》杂志的记者杨建民来到了P县。该杂志和《检察日报》一样是最高人民检察院主管的,正是后者将章金山的投诉信转给了前者。

① 何明修:《绿色民主:台湾环境运动的研究》,台北群学出版有限公司2006年版,第262页。

② 访谈章金山(调研笔记),2007年8月6日。

③ 访谈章金山(调研笔记),2007年8月6日。

由此可见,信访是非常重要的获得资源的方式。处于底层的农民并不认识记者,也不认识人大代表,他要获得外界的关注,一般是通过两种方式:一是信访,二是引起新闻媒体的重视与关注。对于农村的环境抗争而言,信访渠道和媒体渠道中获得资源都可以相互补充。例如,一旦维权的农民获得了任何的政府部门的回复或者新闻媒体的报道,在下一次上访或向新闻媒体投诉的过程中,他们或者在上访信件中引述新闻媒体的报道,或者在给新闻媒体的投诉中引述政府部门的回复。通过这样一种方式,不断地盘活有利于自己的资源。

(2)关键性资源的获得

所谓关键性资源是指在运动事件中起到了极为重要作用的资源。在农村的环境抗争中,中央媒体的支持性报道成为最关键性的资源。

媒体掌握话语设置权,尤其是诸如新华社、《人民日报》等官方媒体的对于地方环境污染的报道,会使得基层会受到来自上级部门和社会舆论的双重压力。因此,媒体的支持成为农民维权的关键性资源,地方政府会千方百计阻止事件的曝光,而维权的农民也千方百计地希望引起舆论与上层的重视。

在P县事件中,除了媒体的支持性报道外,专业环保法律援助(帮助)组织的支持与NGO界的支持也起到了独特的作用。P县事件能够坚持下来并获得集体诉讼的成功,与后两种资源的支持同样密不可分。

第一,媒体的支持性报道。对于环境污染问题,一旦在全国媒体上"亮相",上级部门就会逐级要求督办,这就会对地方政府造成压力。因此,媒体对于污染的曝光,实际上是村民的增量资源,能够增强其对抗以污染企业为核心的利益集团的实力。获得此类资源,尤其中央级别媒体的支持就成为维权运动能否获得转机的一个很重要的条件。但是,由于农民整体上的弱势,使得他们并不能通过关系网络而直接获得此类资源的支持,很多情况下都是由于媒体的主动介入使得维权事件发生转机。在P县事件中,自从2002年3月,《方圆》杂志以“还我们青山绿水”曝光了P县的环境污染问题之后,就不断有新闻媒体进行追踪报道,这令地方政府很“头痛”。尤其是2003年4月12日,中央电视台《新闻调查》曝光P县的污染之后,章金山等人参与的环境诉讼与维权获得了空前的关注。第二天,省环保局就专程来P县调查污染真相,对于P县农民的环境抗争客观上起到大量支持的作用。据不完全统计,自从《方圆》杂志报道之后,《人民日报》、《法制日报》、《中国环境报》、《中国青年报》、新华社等全国各大新闻媒体共刊发了独立报道50余篇,网上的转载、摘要等不计其数。而且,几乎所有的报道都是揭露污染,这对P县的村民环境抗争是一个很大的支持。也对地方政府造成了较大的压力。

第二,专业环保法律援助(帮助)组织的支持。据2005年7—12月中华环保联合会在全国范围内组织的“中国环境民间组织现状研究”,截至2005年年底,我国的环保民间组织共2768家。其中已经有了专业提供环境法律维权帮助或援助的民间组织,如中国政法大学污染受害者帮助中心。自1999年成立以来,该中心已经援助了100多件环境侵权案件。2005年4月,中国环保联合会成立,两年时间内,支持诉讼案件15起,配合和协调国家环保部门督办案件7起。[①] 随着民间环保组织的不断发展,此类组织还会逐渐涌现出来,这对于通过法律手段的公民环境维权有较大的促进作用。P县集团诉讼之所以能够胜诉并产生这么大的社会影响,原因之一就在于专业环保NGO中国政法大学污染受害者法律帮助中心为受害者们提供免费的法律帮助。他们先后派出或协调法律专家学者、律师及环境工程专家赴当地调查,指导当事人收集证据,统计损害结果,帮助寻找评估鉴定机构,并投入了近20万元援助资金。

由于环境诉讼中的证据收集等都需要一些专业的指导,如果没有法大帮助中心律师的帮助,农民甚至不懂最基本的采集污水的规则。更为关键的是,由于集团诉讼的费用较高,没有援助,司法途径就要受到极大的限制。

第三,环境网络的支持。随着中国环境NGO的不断发展,NGO之间的联系也日益紧密,客观上已经形成了一个环境NGO的网络。由于环境网络已经能够动员起诸多的资源,因此,环境网络的关注与支持将会对村庄的环境抗争运动产生一定的影响。以P县为例,自法大帮助中心介入此集体诉讼案件之后,中华环保联合会、全球绿色资助基金会、绿色和平组织、天下溪、阿拉善生态协会、自然之友、北京地球村、绿网、厦大绿野协会等诸多的环保组织都给予了村民实际或道义的支持。

2004年3月后,章金山首次作为污染受害者代表参与了法大

---

① 《李恒远副秘书长在环境法律服务中心首届律师志愿者环境法律研习班开幕式上的讲话》,2007年12月1日,http://www.acef.com.cn。

帮助中心与日本环境会议联合在日本熊本大学召开的环境纠纷处理研讨会。此次会议之后,截至 2007 年 7 月章金山总共参与了国内外各种 NGO 机构组织的活动 16 次,2004 年 3 次,2005 年 7 次,2006 年上半年 6 次,或为演讲嘉宾,或者参加培训会。2008 年 8 月,P 县绿色之家创设人章金山被《财经》杂志社评为 2008 年度环保人物,并邀到北京看奥运。2011 年 6 月,章金山荣获第四届 SEE · TNC 生态奖。这表明章金山及其所代表的机构已经成功地被吸纳到环境网络中了。这些组织的介入以及章金山不断地参与环境领域的会议过程中,不但丰富了章金山等人的社会经历,也使得村庄污染问题日益被媒体所关注,地方政府在采取行动的时候也越来越有所顾忌。

2. 资源再生

资源并非是一个常量,资源是可以在运动的过程中不断地被创造出来的。这主要取决于运动的核心人物的动员能力。

在 P 县环境抗争中,正是因为《方圆》杂志的曝光,使得村民维护自己权益的积极性受到了很大的鼓舞。而正是在《方圆》的记者的介绍下,法大帮助中心得以介入。由于法大帮助中心也是一个环保 NGO,它又为章金山等提供了参与国内外环境会议的机会。而章金山在会议期间认识的环保 NGO 人士,又给予了章金山诸多支持。在这个过程中,P 县绿色之家也宣告成立(未注册成功),这又使得他能够以组织的名义参与更多的会议,获得更多的资源。实际上,在运动的过程中,资源是可以不断地再生产出来的。而这主要取决了领头人的能力与组织的资源运作。

弱连带在动员网络中的作用还表现在其能够使得不同村庄、

不同职业的人能够共同参与抗争。例如，福建F县事件中，参与环境抗争的不仅仅是镇上的农民，还包括了大中学生、商贩等各种职业的人，而弱连带是把不同职业的人群集合在一起共同参与集体行动的重要基础。当以强连带为主的熟人网络与以弱连带为主的媒体、环境NGO等绿色网络结合在一起的时候，就可能使得动员网络能够在极短的时间内动员大量的人参与，并且，由于参与的人群是由大量的熟人群体构成，使得其具有更大的攻击性。

# 第七章　认同建构与集体行动

所谓认同,是“一种个体与更广大的共同体、范畴、实践与制度的认知性、道德性与情感性的连接”,①是个体认识到自己属于某一个特定的社会群体,同时也认识到作为其中的成员带给他的情感和价值意义。社会学意义上的认同包含两个层面的内涵:一方面,它是一种想象的关系,将想象者与另外一群人联结在一起,形成一个共同的“我们”概念;另一方面,它也预设了选择性的强调与忽略,即在无限多样的身份特征中(无论是先赋的还是后致的),我们只关切某些面向,只将某些人视为是与我们相同的。因此,认同首先是一种自我认知的过程,这个过程通常是据个人所属的或所确认的群体的立场,主要是用来回答“我是谁”这样的问题。基于这样的归属感,行动者对自己的体验赋予意义,也对自己的生命历程赋予意义。一般认为,注重归属感的社会认同更加具有稳定性。

① Polletta,Francesca and James M.Jasper,“Collective Identity and Social Movement”,Annual Review of Sociology 27,2001,pp.283-305.

认同不仅属于一种认知过程，还是一个社会行为的过程，在特定的情景中对于决定应该怎么行动都有重要的指导意义。在此过程中，行动者开始认识到自己与其他行动者都属于较大团体的一份子。在认同建构过程之中，个人面向和集体面向有着错综复杂的关系。透过认同的产生、维持与再生，个人得以定义和再定义他们的行动课题，并评估其行动开展和结束的可能性。然而，认同的建构不能化约到心理机制，因为这是一个社会过程：借由集体过程，自我的再发现于是成为可能。① 有学者指出，认同建构不应该只被视为集体行动的前提。社会行动者在特定时期的认同，的确会引导他们后续的行为；另一方面，当行动者有能力去定义自己、其他行动者，以及彼此关系的内涵时，行动就开始了。② 因此，集体认同的建构可以说是集体行动中不可或缺的一部分。

本章研究试图从集体认同的三个面向，即边界、意识和仪式的角度对认同建构过程进行分析，以揭示中国农村集体行动可能性的条件。正如有学者从边界、意识和对话三个角度对此进行分析——“边界概念用来指称那些在反抗群体和占主导地位的群体之间建立起差异来的社会的、心理的和物理的结构；意识包含了在反抗群体力争界定和实现自己利益的过程中形成的解释框架；而对话则包括了处于从属地位的群体用来反抗并重构现有统治体系

① Donatella della Porta and Mario Diani，《社会运动概论》，巨流出版社2002年版，第100—101页。

② Touraine, Alain, The Voice and the Eye: An Analysis of Social Movements, Cambridge: Cambridge University Press, 1981.

的符号和日常行动。”①在中国乡土社会中,这三者都有其各自的功能:社区的同质性是认同建构的结构基础;意识是一种解释图示,集体行动者必须把他们的不满进行归因,才会促成意识的形成;仪式在集体认同建构中起到了重要的作用。

## 第一节　认同建构的结构基础:社区的同质性

甘姆森指出,如果欠缺一个具有共同特质与团结感的“我群”,集体行动是不可能发生的。同样不可或缺的则是“他群”,因为这个他群可以让行动者指控,藉以发起运动动员。② 显然,“我群”和“他群”之间存在边界的问题。“边界,首先意味着差异、区隔或界限。具体说,边界是人和物的限度或边缘的界限,是自身与他人或他物得以区分并表明差异的刻度。”③因此,“边界标

① [美]维尔塔·维尔塔·泰勒、南茜·E.维提尔:《社会运动社区中的集体认同感:同性恋女权主义的动员》,载[美]艾尔东·莫里斯、卡洛尔·麦吉拉吉·缪勒主编:《社会运动理论的前沿领域》,北京大学出版社2002年版,第140页。

② Donatella della Porta and Mario Diani:《社会运动概论》,台北巨流出版社2002年版,第103页。[美]维尔塔·泰勒、南茜·E.维提尔:《社会运动社区中的集体认同感:同性恋女权主义的动员》,载[美]艾尔东·莫里斯、卡洛尔·麦吉拉吉·缪勒主编:《社会运动理论的前沿领域》,北京大学出版社2002年版,第140页。

③ 方文:《群体符号边界如何形成——以北京基督教新群体为例》,《社会学研究》2005年第1期。

记对于集体认同感的形成来说是十分重要的，因为它们促成了人们对群体共同性的更深认识，并架构了内群成员和外群成员的互动”。①

西方学者对于认同感、边界等问题的讨论主要是基于高度的组织化的自然保育运动、同性恋运动等新社会运动，并不适合组织化力量受到政府严格管制的农民集体行动。同样，中国农民集体行动中的个别的抗争积极分子目前还不具备主动的、有策略的建构群体的认同感的技术与理念。在这样的情况下，群体的边界如何形成？

## 一、边界形成的基础：社区的同质性

“社区”一词最初是由德国的社会学家滕尼斯应用到社会学的研究中。从词义学的角度出发，“社区”一词源于拉丁语。作为汉语中的社区，是 20 世纪 30 年代初费孝通先生在翻译德国社会学家滕尼斯的著作 *Community and Society* 时，从英文单词“Community”翻译过来的。由于汉语语境中的社区可以被视为一个固定区域的居民群体范围内的一种媒介桥梁，所以后来被许多学者广泛引用。近些年，我国的很多社会学家开始对社区进行深入细致的研究，并形成了对社区概念的不同认识和理解。例如，范国睿认为：“社区是生活在一定地域内的个人或家庭，出

① ［美］维尔塔·泰勒、南茜·E·维提尔：《社会运动社区中的集体认同感：同性恋女权主义的动员》，载［美］艾尔东·莫里斯、卡洛尔·麦吉拉吉·缪勒主编：《社会运动理论的前沿领域》，北京大学出版社 2002 年版，第 130—131 页。

于对政治、社会、文化、教育等目的而形成的特定范围，不同社区间的文化、生活方式也因此区别开来”①；唐忠新认为：“所谓社区，是指由居住在某一地方的人们结成多种社会关系和社会群体，从事多种社会活动所构成的社会区域生活共同体”②。上述为学者从不同的角度和层面对社区进行了研究，虽然在解释上存在一定的分歧，但对社区所包含的基本要素还是有一定的共识：(1)社区是一个社会概念，是由于人们之间的彼此密切的关系构成了共同体；(2)社区是一个地理概念，是特定社会群体的生活空间。社区同质性容易在这些情况下发生：地理空间的高度接近、人生经历背景的相似或相同、面临的处境相同一致。

1. 地理空间的接近，容易形成地域共同体

在《共同体与社会》一书中，藤尼斯指出：“一切亲密的、秘密的、单纯的共同生活，被理解为在共同体里的生活。”③“共同体是持久的和真正的共同生活，社会只不过是一种暂时的和表面的共同生活。因此，共同体本身应该被理解为一种生机勃勃的有机体，而生活应该被理解为一种机械的聚合和人工制品。”④“在共同体里，尽管有种种的分离，仍然保持着结合；在社会里，尽管有种种的

① 转自孟凡帅：《社区体育概念的社会学分析综述》，《知识经济》2011年第10期。

② 唐忠新：《社区建设：中国城市社会转型的必然选择》，《北京社会科学》1999年第1期。

③ [德]藤尼斯：《共同体与社会》，商务印书馆1999年版，林荣远译，第52—55页。

④ 同上书，第64页。

结合，仍然保持着分离。”①可见，腾尼斯指的共同体更多的是情感联系紧密、持久、单纯的地域社区。

中国是一个典型的城乡二元社会结构的国家，如果按照藤尼斯对于共同体与社会的界定，那么，乡村显然是一个典型的共同体。乡村社会也更多地承载了中国社会中的传统元素，即对于地域的认同。而对于地域的认同又是与乡村社会中错综复杂的宗亲关系紧密地联系在一起的。在集体抗争的研究中，这一姻亲、近邻、宗族等多种关系结成的关系网络在动员结构与认同建构中都是极为重要的，甚至是影响集体抗争行动的最为关键性的因素。

2. 人生经历背景的相似或相同，易形成身份共同体

地理空间的接近，乡村社区的流动性相对较弱，使得社区中的农民大多共享相同或相似的人生经历。这些共享的经历容易促使其结成一个紧密的身份共同体，从而达成更为紧密的团结。对于大多数留在乡村社区的农民而言，同一个年龄层次上也基本共享相同或相似的人生经历。例如，在同一个小学上学，儿时同在村庄的祠堂、麦场等地玩耍打闹，在同一个中学读书等等。因此，一旦社区发生了影响其共同利益的事件，他们之间就容易形成身份共同体。

在农民的集体抗争中，最容易结成紧密的身份共同体的是移民群体。由于在迁移的过程中，很多村庄都是整体搬迁的。在新

① ［德］藤尼斯：《共同体与社会》，商务印书馆 1999 年版，林荣远译，第 105 页。

的居住点，他们同样也是聚居在一起的。这样的一种共同的人生经历使得他们容易形成身份共同体，从而容易培植出认同感。例如，在2004年10月，四川汉源就爆发大规模群体事件，该事件就是典型的水库移民因不满地方政府的移民安置政策、补偿措施等而诱发的。为了国家修建大型水库的需要，这些移民不得不离开长期生活的家园，离开熟悉的环境，已经做出了很大的牺牲。如果地方政府不能兑现安置补偿承诺，他们的不满情绪非常容易触发。在迁移的过程中，很多村庄都是整体搬迁的，这也有助于他们形成紧密的身份共同体。

3. 面临处境的相同，易形成命运共同体

即使人们并非来自共同的地域，也没有相似的人生经历，但如果他们需要共同面对相同或相似的问题，即所处的境遇相同或相似，也容易培植出相似的认同感，并最终形成一个休戚与共的命运共同体。如在某些城郊结合部，外来务工人员与当地的农民混居在一起，他们在地域与人生经历方面未必相同或相似，但是在面对周边的环境污染等问题时，由于他们面临的处境基本相同，这也会迫使他们形成一个休戚与共的命运共同体。

2008年7月19日，云南省孟连县发生胶农聚集和冲突事件，40余名公安民警和10余名胶农在冲突中受伤，2名胶农死亡。时任云南省委副书记李纪恒指出，胶农利益诉求长期得不到解决，增收致富的美好愿望被一些坏人利用，导致胶农长期以来对橡胶公司的积怨逐步转化为对基层政府和干部的积怨，最终集中爆发引起冲突。他严厉警告云南官员："对党充满感恩之情、待人善良温和的傣族群众，拿起了刀斧棍棒，与警察对抗，用暴力维护自己的权益。这件事情必须引起我们当政者的深刻反思。”①在农民的集体抗争中,无论是环境受害者群体、水库移民群体还是胶农群体等,在面对强势利益集团的时候,他们面临的处境都是基本相同的,他们就容易形成命运共同体。其结果是农民一旦爆发反抗,其烈度将会很大。当然,很多情况下,地域、身份与命运共同体相互交错,更容易形成共同体意识。②

## 二、社区环境污染和集体认同

社区污染问题虽然是属于发生在较低层面的微观环境污染问题,但由于社区污染对社区所有的居民都产生直接影响,除了对居民的身体健康造成直接或潜在的危害之外,一定程度的社区环境问题的积累也会造成更大区域环境问题的突出,如大量建筑施工扬尘污染对整个区域空气质量的影响、社区噪声问题对整体区域噪声质量水平的影响等。同时,在林林总总的环境问题发生过程中,总是伴随着环境问题受益者和受害者、受害者和解决者以及受益者和解决者之间的博弈和冲突,这些矛盾和冲突无法得到有效解决,会引发局部社会的失序乃至混乱,一定程度上将破坏社会的稳定和和谐。

在社区和环保的结合方面,由于社区自身的特殊重要性,有些学者已认识到社区作为凝聚环保力量、开展环境保护活动的重要

① 孙爱东:《群体性事件突发,为基层执政敲响警钟》,《政府法制》2008 年第 9 期。

② ［法］勒庞:《乌合之众——大众心理研究》,张艳华译,广西师范大学出版社 2007 年版。

机制与载体。正如《新民周报》报道:“环境污染引发的社会冲突,早已超出了国企转型、土地征用、住宅强拆等重要原因,成为引发社会冲突的主要动因之一。仅在2012年的前两个月里,两次重大的环境污染事故——一次发生在广西的柳江、一次发生在长江——及其造成的饮水危机和恐慌情绪,再次将企业和地方政府推到了舆论的风口浪尖上。”①

正如2008年于建嵘在香港湾仔会展中心S221会议室进行题为《民众的抗争与中国的刚性稳定》的报告指出:“2005年因环境污染上访的案件68.972万起,是1995年的11倍。2006年和2007年大约也是70万件。从上访的主体来看,整村或几个村联合上访的占多数,这说明环境污染影响的是附近全体居民的利益,特别是那些通过空气或水污染的企业,它们对居民的危害更具有地域的普遍性。但同样,这种情况也容易使村民团结组织起来。控告的对象主要是厂矿企业,而随着地方政府包庇或推卸责任,地方政府或主管官员的不作为和‘恶’作为也在民众控告之列。”②

以浙江D市事件为例。早在2001年10月的一天,为抵制某化工厂征用村庄土地,村民曾去镇政府陈情,路遇镇政府某领导并与之理论。其间,村民与前来为镇领导解围的民警对峙,并和某镇领导发生肢体冲突,致使该领导受轻伤。激愤之余,村民冲进园区化工厂,强行将员工赶出宿舍,并毁坏了机器设备,造成11万多元

① 冯永锋:《环境污染引发社会冲突　须严惩污染施害者》,腾讯网,2012年3月16日,http://news.qq.com/a/20120316/000671.htm。

② 冯永峰:《当环保成为冲突源》,新浪环保,2014年3月14日,http://news.sina.com.cn/green/news/roll/2012-03-14/131324114091.shtml。

的损失。其后，12 名村民被捕并以“聚众扰乱社会秩序罪”分别判处 3 年及以下有期徒刑。自此，村民与当地基层政府部门之间的关系加剧恶化。大多数村民不赞同以毁损机器的方式进行维权，但也强调这是村民长期投诉未果的情况下迫不得已的举措。他们认为，法院不去追究企业非法排污、地方政府的不作为，而单单对抗议的村民判刑是不对的。因此，在 H 村，部分村民一度对镇政府、地方法院不信任，并认为它们和污染企业“一个鼻子出气”。

2005 年 3 月，H 村民搭建竹棚堵住进出化工园区的马路。其后 40 多天的时间里，村民每天讨论事件的进展，他们的态度也在相互影响。在这样的情形下，地方政府稍有不慎，就极有可能引爆集体行动。2005 年 4 月 10 日凌晨，地方政府出动大量工作人员强制拆棚，恰恰引爆了村民与地方政府官员之间已经积累了多年的矛盾，继而形成了大规模的冲突。2008 年，我们再访 H 村民时，大多数村民仍然对地方政府官员不信任。更有甚者直接谩骂攻击地方政府的个别领导，并认为他贪污受贿、与企业勾结。但当我们进一步询问其关于此领导的所谓“劣迹”的具体细节或详细来源时，村民们又大都语焉不详。这说明关于基层领导贪污受贿等言语大多不过是村民的想象，但在一个同质性的社区中，村民对消息的真实性并不会认真甄别。于是，不满、愤怒、怨恨的情绪相互感染并传播，“我们”受害者与“他们”剥夺者的边界被强化。

由工业所引起的污染通常是综合性的污染，难以治理，往往一旦发生就难以恢复原来的状态。因此，在该类项目建设之前，环境保护行政主管部门应该严格执行《环境保护法》规定的“三同时”制度，即“建设项目防治污染的设施，必须与主体工程同时设计、同时施工、同时投产使用”。同时,环境保护行政主管部门必须严格执行《环境影响评价法》的规定,通过建设前的阶段严格审查畜禽养殖项目的选址可能对周围环境造成的影响,避免项目建成后造成难以弥补的损失。浙江D市案例中,项目的建设就未执行《环境保护法》规定的“三同时”制度,也没有做环境影响评价。行政部门前置性审批把关不严,造成了之后难以处理的严重污染状况。

通过H村的个案,我们可以明确,基于社区认同的集体行动是建立在社区成员的利益趋同以及社区居民的互动基础之上。在中国传统的农村社区之中,农民的集体认同之所以较强,排除血缘认同的关系之外,土地、水脉、山林等公共资源的共享在相当程度上强化了农民的社区认同。“封闭的结构增加了相互监督的可能性,产生了期望和共同规范,并促进了环境的信任程度”,“个人的流动可能会破坏社会资本”①。发生在农村社区与外来力量的争斗,明显地体现了社区认同与社区利益之间的这种直接关联关系。“对于那些宗族型传统农村社区,之所以强调宗族族规的作用和相关的礼仪,与其说是为了加强宗族认同,毋宁是为了增强社区认同。在当前农村村民自治中也有类似的表现,居住在同一社区的村民宁愿把选票投给本社区的、而未必本宗族的人,因为他一旦当选可以为本社区争取更多利益。”②显然,社区为边界的形成奠定

① [意]阿纳尔多·巴尼亚斯科:《信任与社会资本》,载《布莱克维尔政治社会学指南》,[英]纳什、斯科特著,李雪、吴玉鑫译,浙江人民出版社2007年版,第244页。

② 吴理财:《农村社区认同与农民行为逻辑——对新农村建设的一些思考》,《经济社会体制比较》2011年第10期。

了基础。

## 三、同质性社区的集体认同

在一个同质性社区中，由于地域共同体、身份共同体、命运共同体的存在，容易形成地域认同、身份认同、情感认同。共同体的相互交织勾连，也使得多种认同得以叠加强化。于是，在这样一个社区中，行动者将形成相互之间的权利、义务的期待。于是，有学者指出，在同质性强的社区中，布鲁默提出的"循环反应"具有很强的解释力度，它不仅出现在集体行为发生的现场，而且出现在同质性的社区或族群中。集体磨合、集体兴奋和社会感染早就发生在人们的日常面对面的互动中。共同的情感、共同的怨恨每天都在发生、发酵，并交流、传染着，遇到特殊的、偶然的因素就可能情绪化地爆发。这就是所谓的"循环反应前置"。① 因此，集体认同感的形成内嵌于同质性的社区中，"我们"与"他们"的界定也产生于日常生活面对面的互动之中。

陶传进在《环境治理：以社区为基础》一书中对传统激进社区环境保护机制进行了研究，充分肯定了社区纽带、社区文化、风俗习惯对于社区环境资源保护的作用。② 社区可以区别为两种基本的形态，一是城市社区，一是农村社区。城市社区是"指在特定区

① 单光鼐：《群聚和社会稳定》，"经济全球化进程中的和谐社会建设与危机管理"国际学术研讨会论文集，重庆，西南政法大学，2007 年。

② 陶传进：《环境治理：以社区为基础》，社会科学文献出版社 2005 年版。

域内,由从事各种非劳动的密集人口所组成的社会"①。城市社区有其独特的内涵,如人口集中、异质性强、经济活动频繁、生活方式多样化、家庭规模和职能缩小、人际关系松散等。这些特点也塑造了特殊的城市文化。中国的城市文化"是国家文化的体现,带着中国田园艺术文化精华的传统,是儒家为主的文化的传承与发展。"②它构成了都市人处事行事的基本观念与准则。在社会发展与城市社区建设中,中国传统文化的诸多精髓融入了都市文化传统中,成为中国社会走向现代化的内趋力。

与城市社区相比,农村社区是封闭的,其最大特征是它的传统性,因此,农村传统文化的特点是与城市社区文化不同的。首先是农村文化的封闭性。农村文化是在一种封闭的社区环境中成长起来的,由于自给自足的生产方式,农民一般不与外界交往,局限于一个小地方,形成了较为封闭的文化特性。其次是农村文化的乡土气息。费孝通在《乡土中国》中指出:"乡下人离不开泥土……我们的民族确是和泥土分不开的了。"③"乡土性是传统中国农业文明的底色,是传统农民的重要心理与行为特征。"④还有它的多样性与相对静态性。"八里不同风,十里不同俗",我国地域广阔,各地农民生活中创造了丰富多彩的文化,而由于其封闭性,农村社

① 郑杭生:《社会学概论新修》,中国人民大学出版社1994年版,第275页。

② 李欧梵:《城市文化中的精神面貌》,光明新闻文化中心2003年版,第1页。

③ 费孝通:《费孝通文集》,群言出版社1999年版,第316—317页。

④ 周晓虹:《传统变迁——江浙农民的社会心理及其近代以来的嬗变》,生活·读书·新知三联书店1998年版,第46—47页。

会变迁不剧烈,文化也倾向于静止不变。

个人的集体认同是一种具有意向性的心理反应,是在不同文化相遇过程中的一种自我发现。如果一个人置身于特定的文化情境中,没有与外界的异文化接触,那么就不可能有认同的需要或冲动,毕竟他已与认同对象具有同一性。换言之,认同发生在不同的文化接触、碰撞和相互比较的文化情景中,是个体(群体)面对另一种不同于自身文化时所产生的保持自我同一性的反应。文化认同之所以是一种"自我认同",盖因以下几点:"一是文化的精神内涵对应于人的存在的生命意义建构,其伦理内涵对人的存在作出价值论证,这都是政治认同、社会认同等所没有的维度——,它们更多对应于人的存在的表层,无法支撑个体对存在和存在价值的确认。其二,文化是一种'根',它先于具体的个体,通过民族特性的遗传,以'集体无意识'的形式先天就给个体的精神结构型构了某种'原型'。个体在社会化后,生活于这种原型所对应的文化情境之中,很自然地表现出一种文化上的连续性。即使这种连续性出现断裂,人也可以通过'集体无意识'的支配和已化为行为举止一部分的符号而对之加以认同。其三是文化认同与族群认同、血缘认同等是重叠的。一个具有历史连续性的文化共同体同时也是一个地缘、血缘共同体,它们将人的各种认同融合其中,避免了这些不同的认同之间因相异特性而发生的矛盾甚至冲突。"①显然,文化的这种特性实际上使它嵌入了人的存在内核,社区文化的同

① 闫顺利、敦鹏:《中华民族文化认同与国家凝聚力——兼论新形势下的统一战线工作》,《中共石家庄市委党校学报》2009 年第 1 期。

质性在心理上实际上已等同于对个体和共同体的存在价值的认同,也决定了文化范围内集体行动的可能性。

## 第二节　认同建构中的意识形成

如果说边界把人们区分为不同群体的成员,群体意识则赋予了集体认同感更为重要的意义。各种群体意识,如家庭意识、团体意识、集体意识、阶层意识、阶级意识、社会整体意识、民族意识等,都是共同性和特殊性的统一。相对于群体内部,它是共同的;相对于其他的群体,它又是特殊的。群体意识是在信息传播和互动过程中形成的,在本章中,意识这一概念主要指解释图示,而解释图示形成于群体界定和实现自己的共同利益的斗争之中。

在集体行动与社会运动研究中,认知解放与框架是与群体意识相似的概念。认知解放被麦克亚当用来指集体行动的潜在参与者出现的意识转变。他把认知解放描绘成通过三种方式达成的意识变化:(1)体制失去合法性;(2)那些通常持宿命论观点的人们开始提出变迁的要求;(3)这些人形成了一个新的关于政治效力(Political Efficacy)的定义。① 不过,麦克亚当之后,很少有学者使用这一概念了。框架整合是戈夫曼提出的一个微观社会学的概念,斯诺和他的学生把此概念运用于社会运动微观动员过程分析

① McAdam, Doug, Political Process and the Development of Black Insurgency, 1930-1970, Chicago: University of Chicago Press, 1982.

中,并进一步发展了框架搭桥、框架扩大、框架延伸、框架转换、主框架等分析性概念。由于框架分析者把社会运动的话语看作是社会运动组织领导者的策略性行为,使得他们在研究社会运动时过于机械化、理想化。赵鼎新曾这样批评:在他们的笔下,“社会运动的动员过程就像是运动积极分子在摁一个一个的修辞按钮”,他们的推理也“倾向于根据成功的动员过程去逆推运动积极分子提供的一系列框架,并在两者之间建立因果关系”。①

不管我们使用哪一个术语,重要的是,集体行动者必须把她们的不满归结为结构的、文化的或体制的原因,而不是归因于个体的情感或个体的越轨。② 然而,这个归因的过程却并不如想象的那么简单。我们最少可以从三个方面进行分析:(1)公关话语层次。在这一层次上,集体意识得以形成和转化;(2)由抗争领导者进行的劝说性沟通层次;(3)在集体行动发展过程中的意识提升层次。

## 一、公共话语形塑集体意识

简森(Jenson)指出,一个社会问题只有在它获得了进入公共话语论坛的渠道时,才能激发抗议活动。③ 而媒体无疑是形成公

① 赵鼎新:《社会与政治运动讲义》,社会科学文献出版社 2006 年版,第 215 页。

② Touraine,Alain,“An Introduction to the Study of Social Movement.”Social Research 52,1985,pp.749-787。

③ [美]贝尔特·克兰德尔曼斯:《抗议的社会建构和多组织场域》,载[美]艾尔东·莫里斯、卡洛尔·麦吉拉吉·缪勒主编:《社会运动理论的前沿领域》,北京大学出版社 2002 年版,第 103 页。

共话语最为关键的因素。20 世纪 90 年代中期以来,中国的媒体在逐渐地走向开放。对于有组织的抗争(包括环境抗争),媒体虽然不予报道,但是对于环境污染问题,媒体的报道已经非常普遍。

**表 7-1　1994—1999 年报纸的环境报道**

| 年份 | 调查报纸份数 | 环境报道条数 | 平均每报条数 | 平均每报环境意识得分 |
|---|---|---|---|---|
| 1994 | 26 | 3254 | 125. 2 | 14. 48 |
| 1995 | 51 | 6928 | 135. 8 | 14. 59 |
| 1996 | 70 | 17555 | 250. 8 | 42. 19 |
| 1997 | 76 | 22066 | 290. 3 | 48. 37 |
| 1998 | 17 | 8707 | 512. 2 | 117. 78 |
| 1999 | 75 | 47273 | 630. 3 | 139. 56 |

资料来源:自然之友编:《1999 中国报纸的环境意识》(内部资料),2000 年 8 月。

从表 7-1 中可以看出,平均每份报纸的环境报道,1994 年将近 3 天发表一条,到了 1999 年,变成了几乎每天都要发表两条。平均每份报纸的环境意识得分,1999 年比 1994 年提高了 9. 6 倍,进步非常明显。近期研究成果表明:在 80 年代,省级和国家媒体很少报道污染的新闻;90 年代,开始加大污染新闻的报道;进入 21 世纪后,关于环境事件的新闻报道增多。①

一般而言,基层政府部门大多不希望本辖区的环境污染问题被曝光,有时会对媒体的正常采访进行限制,使得媒体只能从环境受害一方了解事件的发生发展。因此,基层政府部门往往成为媒体质

① Anna M. Brettell, The Politics of Public Participation and the Emergence of Environmental Proto-Movements in China, University of Maryland, Collcge Park, 2003, p.163。

疑与批判的对象。例如,大量有关环境污染的新闻报道,媒体记者大都会从基层政府部门不作为以及制度设计缺陷等对引发环境污染的原因进行分析,而不仅仅是描述现象。此外,有学者也指出,"一般而言,媒体都倾向于选择个人化、戏剧化以及具有情感渲染力的方式进行报道;而且,媒体之间还存在媒体报道的共鸣效应,也即,一个事件或问题在某个媒介上被报道并产生一定影响的话,此事件会迅速地被其他媒介采用类似的方式加以报道",①这通常会使得特定的地方性诉求放大和延伸,并进入更广泛的公共话语过程。

一方面是环境污染报道的增多,另一方面是在报道中记者对环境污染原因的深度挖掘和情绪性表达,无疑会使得越来越多的人意识到环境问题的严峻性。农民也因此开始对基层政府部门的不作为有所不满。尤其当媒体对自己身边的污染企业的非法排污行为进行披露之后,农民的不满意识就会不断积聚。同时,媒体不但会影响农民的不满情绪,而且会影响到其对抗争成果的预期。一般而言,农民把中央媒体看得比较神圣。当中央级媒体对其周边的污染问题进行报道后,他们很容易把这理解成为中央政府的关注——这有可能会改变他们对于抗争结果的预期。当集体行动通过组织发起的时候,无论这种组织是科层制的还是扁平化的,都会存在成本问题。对于科层化组织而言,要维持其正常的运作,必须要有一定规模资源的累积,但并不是所有的行动议题都能够跨越这道资源门槛。对于那些大型的科层化的组织,运作的效率成

① 何艳玲:《后单位制时期街区集体抗争的产生及其逻辑——对一次街区集体抗争事件的实证分析》,《公共管理学报》2005 年第 3 期。

本同样很高。扁平化的组织也存在成本的问题，比如，诸多问题常常议而不决，这增加了沟通的成本。而基于熟人关系的动员网络，已有便捷的沟通渠道，因而动员成本往往很低。

在福建 P 县和浙江 D 市事件中，很多村民都接受过记者的采访。在不断地与媒体记者的接触中，村民自身的环境意识也有所提升，他们对媒体的报道也会更为关注与在意。如在福建 P 县案例中，章金山等人在得知《方圆》杂志披露化工厂污染报道后的第二天就组织了上街筹款。他们誊抄了该杂志的报道文字作为宣传之用。

宣传内容之一："早在 1997 年，国家环保总局就下达了加强氟化盐企业污染治理的通知。因氟化盐工业是重污染行业，一些氟化盐企业已对当地环境造成严重污染，社会反映强烈，通知要求在 1997 年年底前关闭位于生活饮用水源地和地下水补给区、风景名胜区、温泉疗养区、水产养殖区、基本农田保护区、自然保护区等需要特殊保护区域内所有氟化盐生产企业。1998 年年底前没有达到国家或地方排放标准的企业，要依法予以关闭。没有执行环境影响评价制度，无环境影响报告书（表）的；没有执行'三同时'制度的以及地处环境敏感区的新建、扩建的氟化盐生产项目应停止建设。"

宣传内容之二："空气对人体健康造成的危害大概还需要一个较长的时间过程才能看出来，而对农作物和植被的危害则立竿见影。仙阳镇章家岭大片毛竹成片地枯萎死去，成千上万株柰果少花落花，离厂区几百米的更是颗粒全无；大量的杨梅、枇杷、橘柑落花烂果，且是整株受害；茶场里茶树少叶或者畸形生长，厂区附近的更是枯枝无叶;本地特产桂花有的落叶少花,停止生长;等等。厂区后山更是多种植物大量枯死,有的山坡已寸草不生。"

宣传内容之三:"在提倡平衡发展构建和谐社会的今天,××市××县几级政府不惜一切代价保护着一个重污染企业,纵容它毁掉了一方绿水青山,破坏了当地传统的农业经济,损害了众多百姓的身体健康,就为了换取一年区区几百万元的利税,到底是利大弊大,得耶失耶?"

有学者指出:"个体加工由媒体所传播的信息的方式,对公共话语所施加的影响,和媒体本身所施加的影响几乎一样大。""信息不是由孤立的个体,而是由在非正式圈子里、在初级群体中,以及在朋友网络中与他人互动的人们所加工的。在这些网络中进行的大部门信息加工所关注的,正是共意的形成。"①当人们在与自己志趣相投的朋友或者自己的亲友圈子交换这些信息的时候,就产生了对情景的集体定义。在广大的农村地区,如果本村来记者采访,或者村民看到有关本村的污染报道,就可能激发村民对污染问题的讨论。讨论既可以是在走亲访友的过程中,也可以是在茶余饭后的闲聊中。总之,这样的口口相传恰恰在集体意识的形成与转化中扮演了重要的角色。

## 二、劝说性沟通建构合法化行动

劝说性沟通是指抗争者通过一定的策略说服已经共享了集体

① [美]贝尔特·克兰德尔曼斯:《抗议的社会建构和多组织场域》,载[美]艾尔东·莫里斯、卡洛尔·麦吉拉吉·缪勒主编:《社会运动理论的前沿领域》,北京大学出版社2002年版,第104—105页。

意识的行动者认同其行动目标和价值,其目的是让抗争者所代表的理念能与社会的核心价值相吻合。一般而言,抗争精英首先动员那些他/她认识的人或那些同情抗争者的观点的人,这样的动员很容易引起他们的共鸣。在乡土熟人社会中,由于无须考虑网络与成本问题,劝说动员是非常迅速的。

在具体劝说的过程中,如何合法化自己,并把对手构建成为一个不公正的形象是至关重要的。同样,对手为了维护自己,也会争夺合法化的框架。有学者甚至认为,对一个抗争者而言,迫使合法化框架的支持者站出来维护其基本假设,这本身就是一个收获。①事实上,抗争者与对手之间是一种共存并相互定义的关系。如在针对平等权利法案的支持者和反对者研究中,曼斯布里奇指出,"如果把组织建立在对某一原则的信仰之上,那么当世界不再和这个原则相符合时,将产生一种深深的、我们反对他们的感觉;但两个社会运动互相敌对时,现实将提供足够的诱惑力以使它们各自把对方看成魔鬼的化身。"②而像社会运动组织这样依靠志愿者的组织,尤其容易做出这样的两极划分。因为它"需要一个夸大了的、关于事件的非此即彼的看法,以便为花费时间和金钱在这一目标上提供正当性依据"。③ 同样,对于抗争积极分子,也会通过

① [美]威廉·甘姆森:《集体行动的社会心理学》,载[美]艾尔东·莫里斯、卡洛尔·麦吉拉吉·缪勒主编:《社会运动理论的前沿领域》,北京大学出版社2002年版,第60页。

② [美]贝尔特·克兰德尔曼斯:《抗议的社会建构和多组织场域》,载[美]艾尔东·莫里斯、卡洛尔·麦吉拉吉·缪勒主编:《社会运动理论的前沿领域》,北京大学出版社2002年版,第116页。

③ 同上书,第117页。

两极划分为劝说动员以及相关的抗争制造合法性。

如在福建P县事件中,章金山等抗争的领头人不断地为其抗争寻找合法化的框架,并试图给对手贴上了不公正的标签。一方面,章金山等人认为化工厂污染导致了村庄癌症患者的增多,村民征兵体检不合格等;另一方面,在章金山等人的上访信,他们认为自己抗争的理由是正当的,是为了“反贪官、反腐败”,也是为了“保证中央的政令畅通”。与此不同的是,化工厂的某领导则认为章金山等人是无理取闹。厂领导认为,“这个人(指章金山)是个典型的刁民、精神病。他就是对党和国家不满,对改革开放不满”。厂领导认为章金山之所以出来“闹事”,是由于“他父亲受到不公正待遇,他自己又超生了几个女孩子,政府依法对他进行了处罚,他也就一直记恨在心”。厂领导认为章金山等人把村民生病死亡与化工厂联系起来没有科学依据,不过是借机散布谎言。他指出,“且不说村民得的病和化工厂的污染有没有直接的联系。章金山所说的‘生病率’上升情况,既没有与别的村子进行横向比较,也没有与X村历年情况进行纵向比较,根本是无稽之谈。章金山等人提出的征兵无人合格的情况,经过他们的核实,与环境污染一点关系也没有,而是由于文身,乙肝等原因被淘汰”。①

概言之,抗争双方都在为自己寻找合法性的依据,而同时又都在指责对手不公正,甚至把对手妖魔化。显而易见,对立双方客观公正的主动沟通,既是一种姿态,也是一种境界,更是化解纠纷事

① 童志锋、黄家亮:《公益诉讼和环境治理——福建省P县榕屏联营化工厂污染案调查报告》,中国环境文化促进会,2007年。

件的一种有效手段。然而,沟通需要得到他人的认可才能具有实际效果,彼此构建的话语体系成为双方矛盾的前沿阵地。同时,沟通还是一种能力,包含着表达能力、争辩能力、倾听能力和设计能力。因此,沟通能力看起来是外在的东西,而实际上是社会立场的重要体现,它关系着一个阶层的主要社会品格。

## 三、共识性危机的建构与意识提升

在参与集体行动的过程中,行动者的价值观一般会发生转变,尤其是那些直接参与对抗性抗争的行动者。价值观的转变是一个意识提升的过程。集体行动进程中的意识提升不但会影响那些参加集体行动的行动者,也会影响那些同情行动者的局外人。这些行动者在一起相互交流,共享他们的体验,感受对手的行动,并了解他们自己的处境。

如何激活集体行动的利益相关人,使之从潜在的动员者转变为实际的参与者,这是意识提升要解决的首要问题,而建构共识性危机是意识提升的策略。如韦格(Wegner)和詹姆斯(James)的研究表明:在一些共识性危机中,由于社会成员感受到社会体系所受的外力威胁,并且认识到问题需要得到尽快的解决,因此会产生同仇敌忾的情愫①。一旦共识性危机构成,集体意识其现实表现形式往往是集体无意识,其对集体抗争行为的认同接受和行为是经过情绪潜移默化的结果,往往表现为自然而然的遵从和自觉的行

① 何艳玲:《后单位制时期街区集体抗争的产生及其逻辑——对一次街区集体抗争事件的实证分析》,《公共管理学报》2005 年第 3 期。

为。就其发展过程来看，个别成员的集体意识是成员群体的集体意识形成和发展的基础，后者则是前者进一步培养和升华的结果。

作为对集体的目标、信念、价值与规范等的认识，集体意识形成表现为集体成员按集体的行为标准要求自己，个人利益服从集体利益，对集体具有责任感和信赖感。集体意识涉及的三个层次各有自己的动力机制，在公共话语层次，通过大众传媒与人际网络，其影响的范围较为广泛，原则上可达特定区域的每个人；劝说性沟通只是影响了那些成为劝说努力目标的个体；意识提升主要关注行动的参与者。当然，在某些行动中，参与者与旁观者的讨论也是一个意识提升的过程。这三个层次也是层层递进，每一个层次都为下一个层次设定了条件。

## 第三节　认同建构中抗争仪式的结构与反结构

所谓仪式是"一种符号表达的形式，透过风格化与戏剧化的方式，传递出集体行动者关于社会关系的讯息，特别是包含了一些或多或少编码化的程序，借此传播他们的世界观、复杂基本的历史经验，以及颠覆象征性的符码。"①在意识形成过程中，抗争行动者的解释框架得以建构，而仪式则为行动者框架建构提供了载

① Donatella della Porta and Mario Diani：《社会运动概论》，巨流出版社 2002 年版，第 114 页。

体。同时,仪式表演过程也有利于认同感的形成。仪式引导人们自觉地将心理潜能升华为一种对美好境界的追求力量,让成员在融入集体时,敢于抛弃自我中自私、胆怯的一面。马林诺斯基、拉德克利夫—布朗等功能学家认为仪式对一个社会中的神话的特权提供了戏剧性的表述方式,在内容和形式上,仪式往往展示了社会结构正规化。同时,仪式也有心理上的功能,他给人们一种对扰乱和威胁事件的控制感,并给人们提供了表达感情的机会,但这并不是说仪式总具有功能性。因为仪式表述了社会秩序,所以它们就成为那些希望改变社会秩序的人的一个重要论题。

## 一、农民抗争中的仪式结构与反结构

"与其说社会是一种事物,不如说社会是一种过程——一种辩证的过程,其中包括着结构和交融先后承继的各个阶段。"①在特纳的"结构与反结构"的仪式理论中有两个关键词——"社会结构中的模式"和"交融的反结构模式",社会结构中的状态特指社会关系所建构起的稳定状况,交融的状态指特定的个体间的关系,与具体的、个性化的个人相联系。具体而言,他把仪式过程称作"阈限",在阈限前后的阶段中,人类社会处于日常状态,人们有着明确的社会关系、身份、地位和角色,但是到了阈限期间,社会结构出现一时的空白,人们处于交融的状态,显示出反结构的主要特

① [美]维克多·特纳:《仪式过程:结构与反结构》,中国人民大学出版社 2006 年版,第 209 页。

征,仪式结束之后,社会结构又得以重新恢复。作为一种具体的权利诉求与动员文化的行为表达,在农村的环境抗争中,抗争仪式的形式是千变万化的,而且大多是与农民的日常生活紧密联系在一起的。那么,农民环境抗争是否具有仪式的结构与反结构的特点呢?

以厦门 PX 事件为例子。厦门 PX 是个化工项目,投资逾百亿元,但距离人口密集区过近,有环境污染之险,化工厂周边的村民也参与了抗争活动。2004 年 2 月国务院批准立项,2007 年 3 月 105 名政协委员建议项目迁址,厦门 PX 事件进入公众视野。6 月 1 日市民集体抵制 PX 项目,随后厦门市政府宣布暂停工程,PX 事件的进展牵动着公众眼球。此后,厦门 PX 事件又经历了二次环评、公众投票和迁址。那么在 PX 事件中,结构与反结构的仪式特征是如何呈现的呢?

据人民网《改革开放 30 年中国环保大事记——2007 年厦门 PX 事件》报道,2007 年"两会"期间,以全国政协委员赵玉芬为首的 100 余位政协委员,联名提交了一份《关于厦门海沧 PX 项目迁地建议的提案》。提案认为:"由于离居民区较近,PX 项目存在泄漏或爆炸隐患,厦门百万人口将面临危险,必须紧急叫停项目并迁址。"百名政协委员拦阻 PX 项目上马的消息经媒体披露后,引起了热议。厦门市民自觉号召抵制 PX 的街头涂鸦也相继出现。在"反对 PX,保卫厦门"的民意口号下,厦门社会各个阶层于 6 月 1 日至 2 日通过和平、理性的"散步"方式表达关切,人数达到数万人,也就是说开始进入了抗争行动的仪式"阈限期"。

6 月 7 日,由国家环保总局组织各方专家,就 PX 项目对厦门市进行全区域总体规划进行环境评估。之后环评报告的简本按照《环境影响评价公众参与暂行办法》进行了公示,使得公众了解到包括城市副中心规划和化工区规划明显矛盾,以及投资商先前的一个项目未能符合环保法规等重要信息。12 月 5 日,环评报告进入公众参与阶段,在两场座谈会上,接近九成的市民代表坚决反对 PX 项目上马。最终福建省政府和厦门市政府顺从民意,停止在厦门海沧区兴建 PX,将该项目迁往漳州古雷半岛。从人民网的报道中,整个事件似乎不具备有"反结构"的特征。然而,从参与者的视角出发,处于行动仪式中的主要人物却经历过了一段明显的、被"反结构"的过程。

根据《中国新闻周刊》报告,吴贤是"反对 PX,保卫厦门"的发动人之一。2007 年 5 月 27 日、28 日,吴贤在群里呼吁成员带"反对 PX,保卫厦门"的横幅和黄丝带,于 29 日中午 12 时到厦门世贸商城前集合。29 日上午,当吴贤带着复印好的厦门 PX 资料来到世贸商城时,发现附近停有 3 辆警车,而附近火车站的巡逻警力比平时有明显增加。曾有过在派出所工作经历的吴贤不免有所警觉,此时,他收到 QQ 群成员"我是网警"的短信,"警车已经被派往世贸"。吴贤见势不妙,马上回家到 QQ 群里发信息通知。那天的聚会当然也没搞成。29 日下午 5 时许,两名便衣登门拜访吴贤,询问世贸商城前聚会之事。两人要吴贤写了"再也不在网上散布类似言论,相信政府能处理好"的保证,然后离开。

30 日下午,吴贤来到厦门火车站对面的意利网吧,依旧在"还我厦门碧水蓝天"群里和网友商量第二天上街"散步"的事情。晚上 9 时许,吴贤的双手突然被人死死摁在键盘上,然后被 3 名便衣带离网吧。按住吴贤的手,是防止他按电脑重启键消掉聊天记录。当晚 10 时许,一叠一寸多厚的聊天记录打印纸摆在厦门思明区梧村派出所审讯室的桌上。“每页都要签字、摁手印。签了又摁,摁了又签。最后签到手软,摁得指麻。”吴贤回忆道。6 月 1 日晚 9 时许,吴贤收到拘留证:拘留 15 天。在福津大街对面的厦门第一拘留所,一进审讯室的门,吴贤就委屈得大哭,“我从没想过在网上发发帖子也会被拘留”。询问的警官倒是安慰说:“不要哭,小伙子,历史会给你们鉴证。”6 月 16 日中午,吴贤从拘留所回到家中。只要有空,他依旧在“还我厦门碧水蓝天”QQ 群里交流 PX 项目的最新动向和媒体报道。“只是那以后,再没有陌生人拜访。这个月的环评座谈会后,群里的朋友都在忙着为‘厦门人’拉选票,一定要让他当选《南方周末》年度人物,也算是巩固反对 PX 的胜利成果。”吴贤说,“谁让我们是厦门人呢?”显然,对于吴贤而言,如何致力于维持原有社会结构,保持抗争活动的理性,需要通过与政府相对应的仪式表达来实现。

另一位发动者“大胡子”李义强在经历了 55 天的看守所生涯之后,接受《中国新闻周刊》记者采访时说,看守所的民警对他“特别人道”,“大胡子”对此的理解是:“这些警察都生活在厦门,比普通老百姓更清楚 PX 的危害,只是限于身份,不能像我这样上街表达。”按照看守所的规定,进去的犯罪嫌疑人都必须剃头刮须。李义强平时都是短头发,也不存在再剃头。只是要刮李义强的胡子时,他提出抗议,说这胡子是我的标志。狱警马上向上级请示,最终,这一尺长的胡子保留了下来。从此,看守所民警找李义强时,都不喊名字，直接叫“大胡子”。

特纳曾经指出，身居结构中较高地位的人寻求释放，而在结构中处于低下地位的人却在阈限中寻求到某种虚拟结构中去经历别样的“释放”。所有这些类型的仪式都是对结构的加强。一方面，社会职位的体系没有受到挑战，正是职位和社会结构的缝隙之间的缺口成就了结构的存在。另一方面，地位的逆转没有导致社会无序和混乱，它仅仅是一个可以对结构做出观察的全新视野。如果把生命危机的阈限与悲剧比较、把地位逆转的阈限与戏剧比较，那么从精神病理学的角度看这些仪式类型，前者可谓新手受虐狂式的心理体系，而后者含有虐待狂的成分。① 无疑，厦门 PX 事件的过程，正好验证了传统宗教仪式中特有的结构性问题。也就是说，结构与交融之间从来不是绝对分离的火系，地位逆转的仪式在某种程度上能够将社会结构和交融重新引入正确的彼此关系中。

## 二、抗议者的仪式表演与反结构特征

农民环境抗争中的仪式表演主要通过行为模式、物件和故事叙述等方式展示。第一，通过与他人不同的行为模式表现。服饰风格、明显不同的外貌以及与他人不同的行为特征等，都有可能透出行为模式的差异。例如，在 F 县事件中，2008 年 2 月 29 日后的三天中，F 县农民在县城与铜陵镇之间的交通要道、F 县高速公路出口之一的林头高速公路收费站集聚，这是继 2007 年厦门市民通

① ［英］维克多·特纳：《仪式过程：结构与反结构》，黄剑波等译，中国人民大学出版社 2006 年版，第 180—203 页。

过努力成功迫使地方政府迁建“PX 项目”之后的又一次“集体散步”。同期,为反对沪杭磁悬浮建设对沿线居民的影响,上海市民共约广场与公园“集体散步”;为反对北京六里屯垃圾发电厂的建设,该区域的群众也在当年的“世界环境日”在国家环保部前进行“集体散步”。“集体散步”具有很强的表演性质,不同于一般意义上的散步,它实际是一种温和的集体抗议方式。第二,特殊标记、物品等物件的使用。特殊标记的使用,可以迅速地辨识集体抗争中的参与者。如在一些事件进程中,出现了农民横幅、传单、大字报等特殊标记的使用。在 F 县事件中,农民打出了“反对,反对,我们不要 PX”“反 PX 建古雷,危害人民生命”等横幅。在 D 市事件中,农民则打出了“还我的土地,救我的子孙”等标语。在抗争过程中,这些物件的使用从某种意义上而言可以理解为抗争方的仪式表演。

Kertzer 指出,仪式的神奇效果之一,即在于“缺乏共同信仰的情形下制造团结”①。换言之,集体抗争中的仪式是有助于强化认同,以及集体的归属感。同时,也让运动参与者得以宣泄自己的情绪。日常生活中的一些仪式有助于强化认同感。在对台湾石化业工人研究中,有学者指出工厂休息室中的“泡茶开讲”也是一种日常的仪式,能够维持“有福同享、有难同当”的阶级兄弟义气。②厦门 PX 事件中,人民在“反对 PX,保卫厦门”的口号下前往固定

① Kertzer, David I, Ritual, Political and Power, New Haven, CT: Yale University Press, 1998, p.66.

② 何明修:《工厂内的阶级团结:连接石化工人的工作现场与集体行动》,《台湾社会学》2003 年第 6 期。

场所“散步”，本身也属于一种仪式表演，也体现了参与者对厦门这个有着“国际花园城市”“中国优秀旅游城市”“联合国人居环境奖”诸多荣誉城市的非传统关切。

日常生活中的仪式、抗争过程中的仪式表演都有助于强化集体认同感。在P县事件中，宗族、家族活动在增强X村村民的凝聚力方面起到了重要的作用。X村村里的宗族势力是很强大的，村里主要是宋、张两家，两家都建有宗祠。宋家每年8月初都会举行一次活动、聚餐，一般会有100多人参加，这可以增加家族的凝聚力。老人理事会是由家族里比较有威望的老人组成，家族聚餐通常也是由这些老人组织。同样，章金山等人在县政府前的广场上，以拖拉机及其大幅的宣传标语为“道具”而展开的募捐活动，从某种意义上也是一种仪式表演。他们在政府官员面前的公开亮相，强化了内部的团结，同时还有动员公众参与的作用。抗争过程中的仪式表演会强化集体认同。在对抗性的集体抗争中，仪式表演可能会使得参与者的情绪亢奋，甚至会产生同仇敌忾的效果，其中所产生的暴力行为也具有明显的反社会结构特征，也验证了人在其中的非理性状态。

如《人民法院报》曾刊登过一则报道，详细记录了福建晋江洋埭村反污染管道施工事件的经过。“2006年5月11日上午，当晋江市市政园林局组织工程队到陈埭镇洋埭村路段复工时，近百名洋埭村村民采取放置石条、静坐等方式阻挠施工。当日下午，受煽动的部分村民又聚集在‘境主宫’，被告人林清江将一面锣交给他人敲，煽动聚集在祠堂前的村民去阻挠施工，受到煽动的村民利用迷信方式从‘境主宫’抬出‘境主公’佛轿，数百名村民跟着‘境主公’佛轿从‘境主宫’往陈泉公路行进，被告人林清江与其他村民抬‘境主公’佛轿强行冲击晋江市公安局设置的执勤警戒线，其他村民采取扔石块、砸啤酒瓶、撒胡椒粉等手段暴力袭击执勤人员，打砸执勤车辆和其他车辆，共造成36名执勤人员被当场砸伤、打伤，其中有27人被打成轻微伤。”①在该事件中，宗族仪式在强化认同中发挥了重要作用。

再比如在泉州“4·20”事件中，村民手持棍棒冲向泉港区普安工业区的11家皮革企业。在打砸过程中，有人在队伍的最前面敲锣，锣声在哪里，农民就砸到哪里。整个过程近乎疯狂，近乎仪式表演。人们的情绪被锣声与他人感染，迅速宣泄出来。在情绪的感染之下，村民的个体意识丧失了，集体无意识导致村民无所顾忌，肆意打砸工厂。《中国环境报》2006年4月26日报道：“据村民反映，受废水、废气污染影响的村民多达数万人。他们说，普安制革处理厂排放的废水时常是乌黑的，臭不可闻，用此水灌溉的农田损失惨重。由于村里没有通自来水，饮用水主要取自地下，如今地下水已经被污染，越来越难喝了。”事发当晚，普安制革集控区信德皮革厂内3个大门均被砸，打砸持续了三四个小时，一个在现场维持秩序的警察被打伤住院。一公司老板称，当晚，普安制革集控区内先后有皮革厂、树脂厂、污水处理厂等4家工厂被砸。而据工人们介绍，参与打砸的主要是普安制革集控区周边钟厝村、前黄村、蔡塘村等五六个村庄的村民。后来，泉州市、区两级环保局和

① 梅贤明、陈维山：《用迷信手段扰乱社会秩序，晋江五被告被判徒刑》，《人民法院报》2006年11月20日。

泉港区政府、公安分局等已经介入调查及协调。此事件也引起福建省政府和省环保局的关注。福建省环保局主要负责人也再次强调,对重污染行业,“一定要从源头上把好关,从严审批、严格控制、严加监管”。

# 第八章　结论与讨论

本章要回答的核心问题有两个：一是在宏观层面，为什么20世纪90年代中后期以来，农村的环境抗争事件数量出现较长时段的持续增长？二是微观层面，在具体的环境抗争事件中，农民为什么会参与环境抗争？哪些因素又影响了农村环境抗争的生成或发展？基于理论分析与实践考察，本章以国家理论为切入点，对这些问题展开了分析。

## 第一节　回到"国家中心论"

长期以来，在抗争政治的研究中，底层视角、公民社会视角等占据了显赫的地位，"社会中心论"成为时尚与流行。这些理论，在解释纷繁复杂的中国抗争政治研究中，具有重要意义。但是，从抗争政治发展的实践看，"抗争空间"和"让渡空间"从来就是一体两面，忽视任何一方都是不可取的。社会本位是诸多社会学者与政治学者的追求，但是我们也不能因此而忽视国家主导的重要性。政治学家斯考契波早在20世纪80年代就发出“找回国家”的呼声，并凝聚一批志趣相投的学者。在中国学术界，已经开始有越来越多的学者认识到抗争政治研究中“找回国家”的重要性。但是，以国家理论作为分析的框架，进行实证研究的著作与文章仍然不多见，这既不利于学术的发展，也不利于客观理解中国抗争政治的实践。回到“国家中心论”，是本章试图表达的基本思考。

## 一、从“国家中心论”的视角理解中国环境抗争

20世纪90年代中后期以来，中国农村环境抗争数量在不断增长是一个基本的事实。究其原因，主要是因为工业化与城市化本身是一个后发展中国家试图快速赶上发达国家的基本战略，中国也不例外。而在国家推进工业化进程中，必然要经历从轻工业阶段向重化工业的转型阶段。历史经验显示，这一转型过程中，国家不可避免地会承受较重的环境压力。从整体而言，90年代中后期以来，中国正处于这一转型进程中，这就不难理解，为何我国的环境污染问题会在此时集中或爆发。与此同时，快速城市化进程又进一步叠加了环境风险。而在农村地区，一方面由于农村工业化的高歌猛进，比如大规模的工业园区、经济技术开放区都建设在农村或郊区，另一方面由于城市污染向农村的转移，这导致了农村成为生态环境污染的重灾区。农村生态环境的恶化，导致了农村环境抗争事件的较快增长。

## 二、从"国家中心论"视角理解环境抗争事件的生成与发展

### 1. 强大的国家的渗透性权力迟滞了农民环境抗争的发生

正是由于国家渗透性权力的强大,导致了地方政府可以通过法律与话语等多种手段对农民进行控制,进而迟滞环境抗争的发生与发展。同时,作为国家代理人的地方政府会对参与集体行动的组织者或积极分子进行直接或间接的惩罚与管控,以此减弱或减少其他群体参与集体行动的意愿。地方政府之所以对农民的环境集体抗争进行严格的管控,主要是在经济增长的压力下,某些地方政府与企业形成了政商分利集团。同时,地方政府又承担着社会稳定的责任。在发展与稳定的双重压力下,农民无论是集体反抗企业还是地方政府,通常都会被政府认定为破坏了地方稳定的局面而受到管制。

由于国家渗透性权力的无处不在,农民的内部极易被分化,尤其是那些与渗透性权力高度相关的单位与个体。比如,在村庄中,村庄的村干部一般不会公开参与集体抗争。这主要是由于村干部需要依赖官方体制的授权、乡镇干部与村干部结成的互利性网络以及村干部参与抗争成本过高等原因。再比如,由于单位体制可以影响与体制内的维权抗争者有直接联系的村民,也会抑制这部分村民参与集体抗争。

### 2. 日常社会关系网络在农村环境集体抗争中发挥了重要的作用

由于国家对于有组织抗争的管制,使得西方意义上的基于社会运动组织的资源动员在中国很难有生存的空间,这就迫使另一

种日常社会关系网络的机制在抗争的进程中发挥着重要的作用。而在西方环境抗争中，社会运动组织与社会关系网络两种机制都发挥着重要的作用，甚至，社会运动组织发挥的作用还更大些。

农村集体抗争的动员网络是基于既存的人际网络的基础之上的。如血缘、姻亲、宗族、地缘网络。在这个网络中，信息得以沟通，认同得以强化。熟人动员网络依托于农村中有利的公共空间，并且有利于降低集体行动的成本并克服“搭便车”的困境。

而在快速转型期，互联网、手机短信等新型传媒的发展，也为农民的集体行动动员创造了条件。互联网加快了信息的传播速度，有利于突破传统的科层化的信息传播方式，形成网络上的串联。手机短信是基于熟人网络基础上的传播方式，除具有即时传播的优点外，还容易获得信息接收者的认同，并更不易被对手监控。

当这两种网络结合后，不但能发挥各自原有的优势，而且具有互补优势。一方面，互联网络的“弱关系联结”有利于获得更多的异质性资源；另一方面，熟人网络的“强关系联结”有利于形成团体内的认同。这样一种“熟人网络—新型传媒”的动员结构为农村的集体行动创造了条件。

3. 基于社区同质性基础上的认同建构是促发集体抗争的重要因素

在农村的环境抗争中，由于更多的是基于日常社会关系网络的动员方式，使得抗争群体的“我群”与“他群”的意识容易形成，也使得以居住地为基础的动员模式得以形成。而在仪式的使用方面，也带有典型的居住地的文化传统。

社区的同质性是认同建构的结构基础。地理空间的接近，容易形成地域共同体；人生经历背景的相似或相同，易形成身份共同体；面临处境的相同，易形成命运共同体。这些共同体的存在，使得处此情景的群体，容易形成地域认同、情感认同、利益认同等。

在认同建构中，意识是如何形成的呢？其一，媒体的支持性报道使得集体意识得以形成和转化；其二，抗争领导者不断地对己方行动进行合法化的构建，并妖魔化对手，集体意识得以强化；其三，共识性危机的建构有利于集体行动过程中的意识提升。仪式是集体认同建构的重要媒介，其表现形式既可以是通过与他人不同的行为模式，也可以是特殊标记、物品等物件的使用。集体抗争中的仪式是有助于强化认同，以及集体的归属感。同时，也让行动参与者得以宣泄自己的情绪。通过仪式过程，农民行动实现了特纳式的以稳定的社会关系为核心的“社会结构的模式”向以具体的、个性化的个人关系为核心的“交融的反社会结构”的转化，从而促发了集体行动。

4. 中国社会独特的政治机会结构促发了农村环境抗争

政治机会主要体现在封闭政体的开放以及政治精英的分裂等层面，比如 20 世纪 90 年代中期以来，法治与和谐日益成为一种强势的国家话语，媒体对环境问题的关注、分化的行政体系等，这些因素都给农民提供了抗争的政治机会与空间。法治体系的逐步完善，一方面引导社会控制方式的全面转型，另一方面也为社会群体的“依法抗争”提供了维护自身权益的机会。而和谐社会、科学发展观、建设社会主义生态文明等理论的提出既是党和政府在社会建设理论上的巨大创新与成就，也成为农民对抗有侵权行为的地方政府或污染企业的强势话语。

90 年代中期以来，媒体关于环境污染与农民集体抗争的报道逐渐增多。这促发了抗争维权信息的更大流通,为抗争者提供了更多的可动员资源以及机会。

由于各级政府机构的权力范围和利益出发点不同,整个行政系统中存在诸多相互冲突,这给农民的集体抗争创造了一定的政治机会,如它会降低农民抗争的风险性、促发农民的持续抗争。

## 第二节　中国的环境保护运动

有学者根据台湾实践区分了三类环境保护运动:一是非政府的民间环境保护组织,参与者以知识分子和职业人士为主;二是针对具体污染问题的环境抗争,具有对抗性和草根性;三是民间组织和抗议运动的联盟,主要目的是反对核电扩建。① 前两类环保运动在大陆已经较为普遍,反对核电扩建在大陆也有发生,但其本质特征与针对具体污染问题的环境抗争比较类似,不太可能出现民间组织和抗议运动的联盟,因此也可以纳入到第二种类型。由于民间环保组织成员主要关注自然资源的保护,其主要活动是开展环境教育,拯救濒临绝种的候鸟、河流、森林、湿地等。此类运动也被称为自然保育运动。

本书并没有专门对自然保育运动展开研究,这也不是本书的主题。但是,对于中国环境保护运动的整体理解有助于我们深化

① 童燕齐:《转型社会中的环境保护运动》,载张茂桂等:《两岸社会运动分析》,新自然主义股份有限公司 2003 年版,第 399 页。

环境抗争运动的研究。自然保育运动与环境抗争运动最大差异是前者是非利益相关型，后者是利益相关型。但是两者都不以挑战政权为目标。比如，自然保育运动的目的是提升环境意识、促进文化变迁、解决环境问题，主要是针对商业实践、消费行为以及政府的政策。怒江环保运动堪称中国自然保育运动中的经典运动，涉及发改委、环保部、云南省政府、水电利益集团等多个主体，甚至惊动了中央，但其目标指向也不是挑战政权，而是促进生态可持续发展。再比如，本文关注的环境抗争事件，参与者也主要是那些有直接受害经验的群体，有时候他们也会通过暴力形式表达不满，但也不是以挑战政权为目的。

恰如赵鼎新在《中国社会抗争35年来的走向》一文中指出，1976年之后，中国的集体抗争大致可以划分为三个时期：1976—1989年、1992—2002年、2002年以来。他指出，1976—1989年之间的社会抗争具有规模较大、政治化，挑战中央政权的特征。但是1992年之后，由于国家社会关系的变化，社会抗争呈现出来中小规模化、地方化和经济利益取向的特征，并不以挑战政权为目标。同时，他指出，2002年之后，地方环境污染抗争明显增多，但是城市中产阶层运动出现部分制度化的发展趋势，尤其是，大多数城市中产阶层环保组织与环保局及有关政府部门建立了合作关系，推动了环境保护事业的发展。①

不以挑战政权为目标是中国环境保护运动的基本特征，无论是直接利益相关的农民环境集体抗争运动还是中产阶层的自然保

① 赵鼎新：《民主的限制》，中信出版社2012年版，第82—91页。

育运动。但即使如此,由于国家对于社会组织的管制,使得我们鲜有看到这两类环境保护运动之间出现交集,也就是说,民间环境保护组织一般不会主动参与环境集体抗争事件。因此,无论是厦门PX事件,还是2012年四川什邡、江苏启东、宁波镇海环境抗争事件中,民间环保组织都是缺席的。尤其是那些在国内已经有较高声誉的环境保护运动组织,它们基本上都不会公开参与农民或居民的环境抗争行动。究其原因,不是由于农民环境抗争主动拒斥民间环保组织,而是由于国家对社会组织的高度控制,使得民间环保组织选择了以组织安全为第一目标的战略,久而久之,民间环保组织也就把自己的行动定位在一定的安全空间中,开始进行自我设限。事实上,即使是农民环境抗争运动,也不是以挑战政权为目标的。这也充分说明,在中国的环境保护运动中,国家力量仍然在主导着环境保护运动的发展逻辑。

当然,我们也深知,两种不同类型的环保运动的动力机制可能是不一样的。比如在动员结构方面,可以从如下三个方面进行比较:第一,组织化程度。自然保育运动一般是由正式环保非政府组织发起的,典型如怒江反坝运动。环境抗争运动主要是由非正式的维权小组发起的,一般都是社区中几个比较活跃的积极分子共同倡议,其组织程度较弱。第二,核心动员机制。在成员动员方面,自然保育运动的核心动员机制是中层动员,而环境抗争运动则主要依赖邻里/熟人动员;在资源动员方面,自然保育运动的核心机制是组织支持,而在环境抗争运动中,缺少组织支持,资源主要依赖内部或外部筹集,也就是说依赖自身运作与外界关注。第三,现有的社会网络。在内部网络方面,自然保育运动主要依赖公众网络,环境抗争运动更多依赖熟人关系网络;在外部网络方面,自然保育运动依赖 NGO-媒体网络和 NGO 联盟,而环境抗争运动尚未形成联动机制,但是,运动者也会积极在网络上发帖以引起网络舆论的关注。自然保育运动的组织与动员模式与其他类型的环保运动还存在较大的差异。尤其是 NGO 之间的联盟、NGO-媒体的联盟、NGO 与公众的关系结构,目前只见于环保运动中的自然保育运动中。①

## 第三节　社会稳定的环境基础

### 一、环境治理的迷思

在《环保是未来的"大政治"——打破发展主义共识,寻找新出路》一文的内容提要中,有学者指出:"发展主义意识形态是一种社会共识,以经济增长和城市化为中心的发展主义,制造了严重的生态危机,并使得地方、乡村的传统、文化价值衰败消亡,而后者恰恰是摆脱现代性、唯发展主义的宝贵资源,更是维系人们日常生活方式的基石。环保是未来的大政治,作为大国的中国应突破单纯的环境保护,通过对发展和生态问题、文化和社会发展问题的综合思考和规划,走出不同于西方发展逻辑的自主性发展新路来。"②

① 童志锋:《动员结构与自然保育运动的发展——以怒江反坝运动为例》,《开放时代》2009 年第 9 期。

② 汪晖:《环保是未来的"大政治"——打破发展主义共识,寻找新出路》,《绿叶》2008 年第 2 期。

经济学家钱纳里和赛尔奎将经济发展阶段划分为前工业化、工业化实现和后工业化三个阶段,其中工业化实现阶段又分为初期、中期、后期三个时期。判断依据主要有人均收入水平、三次产业结构、就业结构、城市化水平等标准。一般而言,进入工业化后期的标志是:农业在三次产业结构中的比重小于10%,但第二产业的比重仍然大于第三产业;农业就业人口比重为10%—30%;城市化水平为60%—75%。完成工业化进入后工业化阶段的主要标志是:人均GDP超过11170美元(2005年美元,购买力平价);农业在三次产业结构中的比重小于10%,而且第三产业的比重高于第二产业;农业就业人口比重小于10%;城市化水平超过75%。① 目前,我国尚处于工业化实现阶段向后工业化阶段转型的时期,2016年,农业在三次产业结构中的比重为9%,第三产业占比51.6%,已经高于第二产业占比11.8个百分比。但是城镇化率达到57.4%,与后工业化阶段还有较大差距。西方发达国家第三产业占GDP比重普遍大于60%—70%,我国与之相比还有较大的差距。② 我国工业占比较高,使得环境压力依然严峻。而据《中国环境报》透露,目前,工业污染已占污染总量的70%以上,成为我国环境污染的主要根源。③ 此外,以重工业为主的产业内部结构也

① 冯飞、王晓明、王金照:《对我国工业化发展阶段的判断》,载《中国发展观察》2012年第8期。

② 和讯网:《厉以宁:中国现在处于工业化向后工业化过渡阶段》,2015年10月29日,http://news.hexun.com/2015-10-29/180206790.html。

③ 高原:《我国工业污染占比超70% 第三方治理推广存困难》,腾讯网,2015年3月4日,https://news.qq.com/cmsn/20150304/20150304000554。

造成了较大的环境压力。重工业增长值占工业增长值的比重由1998年的60.22%上升到2011年的70%以上。在2015年11月28日中国金融学会绿色金融专业委员会、中国清洁空气联盟等机构举办的“绿色金融与治霾产业峰会”时，中国人民银行研究局首席经济学家马骏指出，我国重工业占GDP的比重是主要经济体中最高的，而重工业产生的空气污染是服务业的9倍；我国能源结构中煤炭消费占2/3，而给定当量，燃煤产生的空气污染是清洁能源的10倍；我国城市居民出行比例中90%以上是公路出行，而给定同样运输量，私家车产生的空气污染是地铁的10倍。我国空气污染如此严重，除了末端治理没有到位之外，主要是因为产业结构、能源结构、交通运输结构是污染型的。①

2011年，中国的城镇化率首次超过50%，2016年，城镇化率达到57.4%，根据之前的数据测算，每年大约提高1个以上的百分点，到2020年，中国城镇化率将超过60%。这就意味着至少在较长时期内，通过城镇化的传导机制而造成的环境压力将持续增大。2012年5月3日，李克强在中欧城镇化伙伴关系高层会议的讲话明确表示：“我们推进城镇化，需要走节约集约利用资源、保护自然生态和文化特征、大中小城市和小城镇并举的可持续发展之路。”2013年5月24日，习近平在主持十八届中央政治局第六次集体学习时提出，“要坚定不移加快实施主体功能区战略，严格按照优化开发、重点开发、限制开

① 第一财经网：《马骏：雾霾严重，因为产业结构是污染型的》，一财网，2015年11月30日，http://www.yicai.com/news/4718906.html。

发、禁止开发的主体功能定位，划定并严守生态红线，构建科学合理的城镇化推进格局、农业发展格局、生态安全格局，保障国家和区域生态安全，提高生态服务功能”。从未来的发展来看，城镇化是大势所趋，党和国家也特别注重自然生态和文化特征的保护。

中国的环境问题将长期存在。那么，我们能否走一条生态现代化的发展道路呢？回答是肯定的。从国家视角分析，中国已经在这方面做出努力，党和国家把生态文明建设放到了前所未有的高度。我们深知，生态文明建设不是一朝一夕的，更是一个需要长期努力的过程。但我们也确实看到，在生态文明建设过程中，一些区域的环境在逐渐好起来，以习近平同志为核心的党中央从“环保大政治”的高度为中国描绘的美好蓝图正在逐步实现。

在《一江黑水——中国未来的环境挑战》一书中，易明对于中国未来的环境保护进行了展望，他以中国经济为出发点，“绘制”了三幅截然不同的前景。第一幅前景是“走向绿色”，“中国经济的继续发展，使得环境遇到更大的挑战，同时中央和地方都在环境保护方面投入更多的资金。通过实行更加有效的法治、更多规模的公众政治参与以及更强有力的民主社会建设，不仅中国的经济和环境会得到发展和改善，而且中国的政治制度、中国的民权也会得到加强”。① 第二幅前景是“一如既往”，“中国经济继续增长，但是巨大

① 易明：《一江黑水——中国未来的环境挑战》，姜智芹译，江苏人民出版社 2012 年版，第 244—245 页。

的经济财富只是缓慢地用于环境保护。环境继续拉经济发展的后腿。国内外都抱怨中国的空气和水质量不断恶化的状况。"①第三幅前景是"环境崩溃","中国的经济发展持续一个较长的衰退期,地方官员继续以牺牲环境为代价发展经济以求维持社会稳定。其结果会是,随着继续依赖陈旧、落后的污染技术和设备,中国的空气质量难有改善。全国各主要水系污染升级。最重要的是,由于短视行为成为主导,废物处理和新的环保设施方面的投资大幅度减少。"②易明建立在经济发展基础上,关于中国环境保护未来的想象实际上对我们是一种警醒。环境保护和民主政治建设结合起来,中国未来的环境保护才能有希望,中国社会的环境生态现代化才会有出路。生态环境的好转之后,与之伴生的环境抗争自然会下降。

## 二、环境抗争与社会稳定

环境问题可能会成为社会矛盾的突破口。中国的国家建设与社会转型,必然涉及群体利益的重大调整。处于社会弱势地位的农民,更容易在调整中受到利益损害,更不易承担社会改革风险。由此导致的不满情绪在不断地积聚之后,需要宣泄。相对于农民抗税、村干部腐败等其他问题,环境抗争更容易获得舆论的支持,容易获得合法性认同,也就更有可能成为不满情绪宣泄的出口。借环境问题而对一个抽象的社会表达不满的情况在抗争事件发生发展过程中也时有发生。在《中国环境年鉴》环境信访条目下,自

① 易明:《一江黑水——中国未来的环境挑战》,姜智芹译,江苏人民出版社 2012 年版,第 247 页。

② 同上书,第 248—249 页。

2009年以来,环保部信访办都在关于来信来访主要特点的总结中都使用了这样的表述——“以环境污染以与环境相关的问题为由,谋求其他利益的信访事项增多”“以环境问题为由,谋求解决非环境纠纷的较多”“谋求非环境权益的仍比较多”等。具体而言,环境抗争具有相当的复杂性,农民在参与抗争的动因、利益诉求的表达等过程中,很多时候并不是仅仅指向环境污染问题,他们或者希望政府回应农村征地、搬迁、村务公开等问题,或者试图解决遇到的土地纠纷、债务纠纷、劳务纠纷、行业竞争等问题,或者仅仅因为与基层政府有矛盾、与企业主之间有积怨而参与抗争。如在笔者调查的湖南岳阳的砷污染突发事件导致的抗争事件中,就有人祭出了与本次污染事件无关的所谓“血书”,希望通过游行顺便解决自己的问题。由于环境抗争事件往往与征地拆迁、债务纠纷等其他问题搅在一起,增加了环境事件处置的难度。如果处置不当,会出现越来越多的暴力型的环境抗争事件。

随着现代权利意识的增强,主动性的环境抗议可能会增多。梯利认为西欧现代历史上出现了三种不同种类的集体行动,即“竞争性抗议”“反应性抗议”和“主动性抗议”。竞争性抗议是指在占有差不多同等资源的群体间为了争夺同一样资源而发生的冲突。比如,在不同的村庄或敌对的家族团体之间基于土地占有而形成的世仇。反应性抗议与竞争性抗议不同之处在于其卷入冲突的各方在资源上并不平等,如普通群众与远比自己强大的国家或市场交手。诸如抗税、暴乱或者粮食暴乱等则属于反应性抗议。主动性抗议是指行动者并不是简单地试图保护他们的传统资源不受国家和市场新要求的侵害，而且要争取新的权利。[①] 笔者认为，在我国农村，农民的环境抗争，反应性抗议仍然占据抗争中的绝大多数。农民抗争的主要原因还是不满情绪所致，农民对于权利的理解大多停留在生存权。但随着农民权利意识的不断提高，农民已经逐渐关注到环境权。这就预示着主动性抗议可能会有所增加。

社交网络将会对环境抗争起到推波助澜的作用。互联网、手机短信等新型媒体在集体行动动员中扮演着日益重要的角色。新技术产品对于农民的集体行动一向就起到了很大的作用。如录音机、电视机、录像机、复印机等新技术产品的广泛使用逐渐改变了农村信息占用的格局。很长时间以来，由于一些地区的乡镇干部基于管控的需要，并没有严格落实中央的政策，而大多数农民由于信息的闭塞也无法确切了解中央的政策。因此，农民只能被动地接受信息。但在新技术产品被使用后，农民开始用录音机录下中央领导的讲话，用复印机复印相关的减负文件，用录像机录下电视的片段，用照相机、摄像机拍摄污染的证据。这些成为他们抗争的重要的依据和动力。互联网、手机在农村地区的发展普及更助推了集体行动的生发。近年来社交网络的普及，尤其是微博、微信等新技术的应用使得集体行动的互动更为迅速，影响力更大。在社交网络上，每一个人都能成为自媒体，在市场的逻辑和国家的渗透性权力对其监管的能力弱化的双重背景下，社交网络会更为迅速

① ［美］裴宜理：《底层社会与抗争性政治》，《东南学术》2008 年第 3 期。

地促发集体行动。

但是,农村的环境抗争是否会形成席卷全国运动,进而影响社会稳定?从农村环境抗争的情形判断,大规模的、有组织的串联可能性不大,但是,要防微杜渐。2012 年,四川什邡、江苏启东、宁波镇海就连续爆发了三起大型的、有暴力行为的环境抗争事件。据新华网 2017 年 1 月发布的《2016 年度社会热点事件网络舆情报告》,2016 年社会热点舆情中就有两起直接涉及环境污染,一是 4 月份的常州外国语学校毒地事件,二是湖北仙桃民众抗议垃圾焚烧项目事件。① 同年,也爆发了北京家长抗议毒跑道事件、湖北潜江抵制奥古斯特农药厂事件、江西乐平抗议工业园区长期污染事件、连云港抵制核循环项目选址事件、广东深圳抗议兴建垃圾焚烧厂事件等有舆情影响较大的环境抗争事件。目前来看,这些事件都是单一性的,相互之间不存在组织化的串联。但从维护社会稳定的角度,依然不能掉以轻心,而应及早预防此类事件的发生。

## 第四节　集体行动的制度化

为什么在一些国家或地区的社会冲突或社会骚乱,会引发政权的更替,而有些国家或地区即使发生大规模的社会冲突或社会骚乱,其政权基本能够保持稳定。比如,2011 年 8 月 6 日,伦敦北

① 新华网网络舆情监测分析中心:《以舆情治理为契机　提升社会治理能力——2016 年度社会热点事件网络舆情报告》,2017 年 1 月,内部报告。

部发生了持续五天的大骚乱，骚乱在8月9日后扩散至伯明翰、利物浦、利兹、布里斯托等城市。许多人在骚乱中打砸抢，纵火焚烧大楼、民居和汽车，捣毁了警车，英国政府出动了16000名警察才将骚乱平息了下来。这是英国近25年来发生的最大规模的骚乱。伦敦骚乱给英国带来了超过两亿英镑的财产损失和人员的伤亡，但是这对英国的政权稳定基本没有冲击。赵鼎新给出了如下的解释：一个国家想要具有英国政府制止骚乱的能力，以及英国政府的"无为而治"式的对主流媒体、公共舆论乃至社交网络的驾驭能力，这个国家就要有一个被公众广为认同并自觉接受的核心主流价值观，有一个享有共同核心价值观的主流媒体，有一个被公众认为是具有严肃性的法律体系，有组织起来运用对社会破坏较小的社会运动的形式来谋取利益的空间，使得社会上的绝大多数人认为骚乱是犯罪而革命没必要。① 因此，公众对社会主流价值观的自觉认同，法治与利益表达的空间与制度化的社会运动是决定政治稳定的核心因素。而如何使集体行动制度化成为亟待关注的重要问题。

## 一、让社会组织发挥稳定器的作用

赵鼎新、周雪光等学者指出：在长期严密的社会控制下，中国的集体抗争仍然是离散的、非组织化的，并缺乏将社会不满组织化、有序化的中间组织。这样一种分散状态，看似有利于政府的控制，但一旦爆发，就是一片混沌的、难以收拾的集体行为，对社会秩

① 赵鼎新：《伦敦骚乱》，爱思想网，2011年10月16日，http://www.aisixiang.com/data/45258.html。

序的危害更大。①

康豪瑟的大众社会理论启示我们:中层组织的发达有利于保持社会的稳定,因为它更容易与政治精英进行有制度化的沟通、对话;它给民众提供了一个交往的平台,使得民众对现实的感知更为真切;它的多样性能够导致利益与认同的多元化,使得民众很难被整合到同一个运动中去。而当社会中间层薄弱时,民众很容易被政治精英操控,民众也可能通过民粹主义的手法控制精英,这就是所谓的"大众社会"。

奥伯肖尔也指出:如果"在上层阶级和底层阶级之间存在强大的纵向社会和政治联系的话,那么在底层阶级之中就很可能不会发生导致抗议运动的动员进程",而当社会被分割,因而底层社群只有少量的联系和纽带同上层群体相联结之时,抗议的潜在可能性就会增加。②

在厦门PX反化工厂行动中,当地的环保NGO就没有任何的参与,更谈不上发挥积极的引导化解冲突的作用。当然,原因是多方面的,但最少说明,中间组织的力量还很薄弱,这很容易导致看似一盘散沙的民众迅速地因某一事件而集合起来挑战政府。很多暴力型的抗争运动都使我们意识到了康豪瑟所讲的"大众社会"离我们并不远。基于此,我们需要逐渐建立强大的社会中间组织力量,让它们担当起沟通政府与民众的责任,也使得社会的表达能够制度化,集体行动能够制度化。

---

① 冯仕政:《单位分割与集体抗争》,《社会学研究》2006年第3期。

② Oberschall Anthony, Social conflict and Social Movements, Englewood Cliffs.N.J., Prentice-Hall, 1973, pp.119-120.

社会组织越多，代表制度化程度越高，运动本身的草根性就越弱，政府就越容易和组织对话并制度化运动。如西方工人运动在20世纪的驯化和工会的制度化很有关系。再如，中国的中产阶层NGO发起的环保运动就基本上被制度化了。从20世纪90年代的保护藏羚羊、保护滇金丝猴到2003年之后的一系列反坝运动，环保NGO主要是通过舆论宣传引起政府的重视并对破坏自然生态的利益集团施加压力，它们从未采取过诸如游行示威等激进的抵抗方式。这表明，社会组织并不一定是“洪水猛兽”，只要政府严格地把其控制在一定的范围之内，它就可以成为具有建设性的力量。

## 二、建构制度化的社会表达机制

公众一般是通过游行、示威等非正式地表达对政府施加压力，以此希望政府重视并彻底解决环境污染问题。面对环境事件，政府需要给予民众更多的理解，也要对游行的人的动机进行深入分析。例如，不排除有些人参与游行并不仅仅基于环境污染，还掺杂着其他动机，如解决自己的问题和困难，宣泄一般化不满的情绪。这客观上增加了政府处理示威游行等突发事件的难度，一个好的办法就是建立一套制度使得社会不满不断地被释放出来。西方社会学家科塞曾经提出过一个“社会安全阀”的机制，即应该确立一种机制使得社会矛盾能够被有计划地释放出来，这样的机制是有利于社会稳定的。这启示我们，完全可以建立正式化的社会表达机制使得社会中的怨恨与不满被及时地释放出来。如何建立呢？首先，政府不要把公众仅当作一个被管理者，而要把公众当作公共治理的共同参与者。其次,制定相应的法律法规,增加政府与公众之间的对话的机会,使得公众能够制度化的参与政府的日常运作并表达自己意见。

## 三、构建常规化的社会合作机制

现代社会日益分化为三个既相互关联又彼此独立的领域或部门,即国家、市场与社会领域。从抗争性事件中展现的国家、市场与社会的关系来分析,三个部门的协调还存在诸多的问题。如郑杭生指出,“我国社会三大部门结构还不完善,政府组织、企业组织、社会组织不能各司其职、功能互补,政府集裁判员和运动员、调节者和经营者的角色于一身,管的事情过多,把不应当承担的责任揽过来”,这是导致党群、干群关系紧张,地方党群、干群之间的矛盾增多,特别是地方政府成为社会矛盾的焦点的重要原因。① 而三个部门如果无法有序合作,实际不利于集体行动的处置,如果政府部门能够正确的处置三者之间的关系,反而有利于社会的稳定。

在环境事件中,地方政府对代表社会力量的环保 NGO 表现得过于紧张。污染事件发生后,地方政府一般会通过一些方式给环保 NGO“打招呼”、施加压力,使得环保 NGO 不敢贸然参与此类事件中。地方环保 NGO 能做的事情也不过是环境宣传、教育,它们不敢主动介入存在严重环境污染的村庄并对村民的维权行为进行正向引导。当环境集体抗争发生后,地方政府希望与组织者对话

① 郑杭生:《减缩代价与增促进步:社会学及其深层理念》,北京师范大学出版社 2007 年版,第 13 页。

时，却发现由于谁也不愿意对抗议负责而找不到对话的对象。

地方政府与媒体的关系仍有待进一步调整。在一些事件中，地方政府往往会通过各种方式阻止事件的报道，公众在不能从权威媒体获得信息的情况下，反而会相信网络上流传的小道消息。实际上，权威媒体，特别是影响大的官方媒体在第一时间正确报道群体性事件信息，有助于占据信息的主导权，从而正确导引公众的情绪，也会抑制小道消息的传播。

随着社会的日益多元化，单靠政府的力量已经无法使得公共管理良好运行。NGO 参与公共管理必然成为一种趋势，而媒体对政府的监督也会使得社会事业朝更好的方向发展。因此，建构政府、NGO、媒体之间的常规化的合作机制就显得尤为重要。

## 四、构建制度化的事前预防和事后应急机制

在环境群体性事件的治理过程中，既要实现社会治理主体从单一政府到社会多元主体的转变，也要实现社会治理重心从治标向治本的转变。从源头预防、化解和减少社会矛盾，才能最大限度减少不和谐因素，最大限度增进社会和谐。

政府和企业要主动承担环境信息公开的责任。2008 年 5 月 1 日，《环境信息公开办法（试行）》开始实施，办法明确规定，“环保部门应当遵循公正、公平、便民、客观的原则，及时、准确地公开政府环境信息。企业应当按照自愿公开与强制性公开相结合的原则，及时、准确地公开企业环境信息”。“公民、法人和其他组织可以向环保部门申请获取政府环境信息。”

有学者在整体肯定了我国环境信息公开进步明显、改善显著

的同时,也指出了我国环境信息公开存在的问题:第一,政府环境事务信息公开存在区域不平衡和部分重要信息缺失等问题。比如,中西部网站建设较为滞后,一些公众关心的环保城考数据、财务收支信息、环境风险和事故信息、环境健康信息等重要环保信息未能全面向社会公开。第二,环境质量公开某些领域严重不足。比如,部分地方水质监测数据尚未向社会公开,地下水质信息仍未见有效公开;土壤的环境质量信息还很少向外公布;固体废弃物信息公开的质量还不高,发布还不及时。第三,环境影响评价信息公开还存在如下问题:规划环评每个阶段的信息极少对外公开,信息公开流于形式;建设项目环评信息公开的质量不过关,重点信息如污染排放、对居民的潜在影响、污染治理等,往往过于简化甚至避而不谈;环评信息公开不规范,比如少数地方未达到环评征求公众意见的时间不小于 10 天的规定。第四,污染源环境信息公开除实时在线监测信息公开外,公开不够全面,信息准确度比较低;在强制公开方面,仍有相当多的企业不能做到按时公开;在自愿公开方面,仅有一些大型企业采取环境报告书等形式主动公开环境行为信息。第五,环保部以外的其他部委环境信息公开数量和质量仍非常有限。① 公众环境研究中心与自然资源保护协会自 2009 年开始连续 8 年发布了城市污染源监管信息公开指数(PITI)报告,在充分肯定我国的污染源信息公开取得历史性进展的同时,也指出:各分项分析,企业信息公开明显滞后于政府信息公开,难以满

① 王华、郭红燕、黄德生:《我国环境信息公开现状、问题与对策》,《中国环境管理》2016 年第 1 期。

足社会期待；从实际应用分析，信息公开推动污染减排的效果初步得到证明，但潜力亟待落实。①

社会矛盾难以避免，但并不意味着应该消极对待社会矛盾。只要环境问题的苗头一出现，政府部门就要及时做好群众工作，及时化解矛盾。在日常生活中，民众与企业、民众与政府、企业与政府之间的互信机制的建立也是至关重要。

在事后应急机制构建方面。一旦出现环境抗争事件，政府要及时启动应急机制。政府要第一时间掌握舆论的主动权，及时准确公开信息，平息群众的误解。对于网络上流传的虚假信息，要及时纠正。在应急方面，一定要慎用警力，本着以人民为中心的理念，安抚群众，及时做好群众工作。

① 公众环境研究中心、自然资源保护协会：《积弊清理：2016—2017年度120城市污染源监管信息公开指数（PITI）报告》，2017年9月7日，http://wwwoa.ipe.org.cn//Upload/201709190138340406.pdf。

# 主要参考文献

[德]罗伯特·米歇尔斯:《寡头统治铁律:现代民主制度中的政党社会学》,任军锋等译,天津人民出版社 2001 年版。

[德]马克斯·舍勒:《价值的颠覆》,罗悌伦、林克、曹卫东译,上海三联书店 1997 年版。

[法]勒庞:《乌合之众:大众心理研究》,冯克利译,中央编译出版社 2000 年版。

[美]艾尔东·莫里斯、卡洛尔·麦克拉吉·缪勒主编:《社会运动理论的前沿领域》,刘能译,北京大学出版社 2002 年版。

[美]安东尼·奥罗姆:《政治社会学导论》(第 4 版),张华青等译,上海世纪出版集团 2006 年版。

[美]贝尔特·克兰德尔曼斯:《抗议的社会建构和多组织场域》,载[美]艾尔东·莫里斯、卡洛尔·麦克拉吉·缪勒主编:《社会运动理论的前沿领域》,北京大学出版社 2002 年版。

[美]查尔斯·蒂利:《社会运动,1768—2004》,胡位钧译,上海世纪出版集团 2009 年版。

[美]费里:《理性概念的政治脉络》,载[美]艾尔东·莫里

斯、卡洛尔·麦克拉吉·缪勒主编:《社会运动理论的前沿领域》,刘能译,北京大学出版社2002年版。

[美]弗里德曼、麦克亚当:《集体认同感和行动主义》,载《社会运动理论的前沿领域》,刘能译,北京大学出版社2002年版。

[美]蕾切尔·卡逊:《寂静的春天》,吕瑞兰等译,吉林人民出版社1999年版。

[美]罗伯特·K.殷:《案例研究.设计与方法》,周海涛等译,重庆大学出版社2004年版。

[美]马克·格兰诺维特:《镶嵌:社会网与经济行动》,罗家德译,社会科学文献出版社2007年版。

[美]曼瑟尔·奥尔森:《集体行动的逻辑》,陈郁等译,上海三联书店、上海人民出版社1995年版。

[美]诺曼·迈尔斯:《最终的安全:政治稳定的环境基础》,王正平、金辉译,上海译文出版社2001年版。

[美]皮特·何、瑞志·安德蒙主编:《嵌入式行动主义在中国:社会运动的机遇与约束》,社会科学文献出版社2012年版。

[美]维克多·特纳:《仪式过程:结构与反结构》,中国人民大学出版社2006年版。

[美]易明:《一江黑水——中国未来的环境挑战》,姜智芹译,江苏人民出版社2012年版。

[美]约翰·汉尼根:《环境社会学(第二版)》,洪大用等译,中国人民大学出版社2009年版。

[美]詹姆斯·斯科特:《弱者的武器:农民反抗的日常形式》,郑广怀等译,译林出版社2007年版。

[日]饭岛申子:《环境社会学》,包智明译,社会科学文献出版社 1999 年版。

[匈]贝拉·格雷什科维奇:《抗议与忍耐的政治经济分析》,张大军译,广西师范大学出版社 2009 年版。

[意]阿纳尔多·巴尼亚斯科:《信任与社会资本》,载《布莱克维尔政治社会学指南》,[英]纳什、斯科特著,李雪、吴玉鑫译,浙江人民出版社 2007 年版。

《2011 年中国环境状况公报》《2014 年中国环境状况公报》、《2016 年中国环境状况公报》,环保部。

《江苏统计年鉴》(1978—2011),中国统计出版社。

《通信业发展统计公报》(2000—2011 年),信息产业部。

《浙江统计年鉴》(1978—2011),中国统计出版社。

《中国互联网发展状况调查》(第 1、10、18、20 次),中国互联网络信息中心。

《中国环境年鉴》(1997、2000、2001、2002、2003、2005、2006、2010、2012),中国环境年鉴社。

边燕杰:《找回强关系:中国的间接关系、网络桥梁和求职》,张文宏译,《国外社会学》1998 年第 2 期。

蔡守秋:《行政处理环境污染民事纠纷中的“二论”》,《中国环境管理》1996 年第 3 期。

陈阿江:《次生焦虑:太湖流域水污染的社会解读》,中国社会科学出版社 2009 年版。

陈峰:《国家、制度与工人阶级的形成——西方文献及其对中国劳工问题研究的意义》,《社会学研究》2009 年第 5 期。

陈那波:《国家、市场和农民的生活机遇:广东三镇的经验对比》,《社会学研究》2009 年第 6 期。

陈涛、王兰平:《环境抗争中的怨恨心理研究》,《中国地质大学学报(社会科学版)》2015 年第 2 期。

陈涛、谢家彪:《混合型抗争——当前农民环境抗争的一个解释框架》,《社会学研究》2016 年第 3 期。

陈映芳:《行动力与制度限制:都市运动中的中产阶级》,《社会学研究》2006 年第 4 期。

陈媛媛:《严格监管　推进环境与经济协调发展——党的十八大以来环境法治建设述评》,《中国环境报》2017 年 10 月 13 日。

陈占江:《制度紧张、乡村分化与农民环境抗争——基于湘中农民“大行动”的个案分析》,《南京农业大学学报(社会科学版)》2015 年第 3 期。

陈战军、陈勇:《我国特色的环境保护法律体系》,《湖南日报》2010 年 8 月 23 日。

程秀英:《从政治呼号到法律逻辑——对中国工人抗争政治的话语分析》,《开放时代》2012 年第 11 期。

崔凤友、柏杨:《环境纠纷的行政处理机制探析》,《学术交流》2004 年第 6 期。

董海军:《依势抗争:乡镇社会不同主体的利益冲突研究——以湖南塘镇为例》,南京大学社会学博士学位论文,2007 年。

方文:《群体符号边界如何形成——以北京基督教新群体为例》,《社会学研究》2005 年第 1 期。

费孝通:《费孝通文集》,群言出版社 1999 年版。

费孝通:《乡土中国　生育制度》,北京大学出版社 1998 年版。

费孝通:《中国绅士》,中国社会科学出版社 2006 年版。

冯飞、王晓明、王金照:《对我国工业化发展阶段的判断》,载《中国发展观察》2012 年第 8 期。

冯仕政:《沉默的大多数:差序格局与环境抗争》,《中国人民大学学报》2007 年第 1 期。

冯仕政:《单位分割与集体抗争》,《社会学研究》2006 年第 3 期。

冯仕政:《国家政权建设与新中国信访制度的形成及演变》,《社会学研究》2012 年第 4 期。

付翠莲:《基于利益表达的农民集体行动——以闽西北 J 县的林权纠纷为例》,《中国行政管理》2013 年第 8 期。

高王凌:《人民公社时期中国农民"反行为"调查》,中共党史出版社 2006 年版。

高王凌:《租佃关系新论——地主、农民和地租》,上海书店出版社 2005 年版。

公众环境研究中心、自然资源保护协会:《积弊清理:2016—2017 年度 120 城市污染源监管信息公开指数(PITI)报告》,2017 年 9 月 7 日,http://wwwoa.ipe.org.cn//Upload/201709190138340406.pdf。

龚文娟:《环境风险在人群中的社会空间分布》,《厦门大学学报(哲学社会科学版)》2014 年第 3 期。

龚文娟:《社会经济地位差异与风险暴露——基于环境公正的视角》,《社会学评论》2013 年第 8 期。

龚志文:《运动式政策参与:公民与政府的理性互动——基于广州番禺反焚运动的分析》,《吉首大学学报(社会科学版)》2015年第1期。

顾金土:《乡村工业污染的社会机制研究》,中国社会科学院社会学博士学位论文,2006年。

郭巍青、陈晓运:《风险社会的环境异议——以广州市民反对垃圾焚烧厂建设为例》,《公共行政评论》2011年第4期。

韩衡:《网下聚会:一种新型的集体行动——以曲阜的民间祭孔为例》,《青年研究》2008年第8期。

何明修:《社会运动概论》,台北三民书局2005年版。

何显明:《群体性事件的发生机理及其应急处置——基于典型案例的分析研究》,学林出版社2010年版。

何雪峰:《农民行动的逻辑:认同与行动单位的视角》,《开放时代》2007年第1期。

何艳玲:《后单位制时期街区集体抗争的产生及其逻辑——对一次街区集体抗争事件的实证分析》,《公共管理学报》2005年第3期。

贺雪峰:《乡村治理的社会基础——转型期乡村社会性质研究》,中国社会科学出版社2003年版。

洪大用:《环境友好的社会基础:中国市民环境关系与行为的实证研究》,中国人民大学出版社2012年版。

洪大用:《经济增长、环境保护与生态现代化——以环境社会学为视角》,《中国社会科学》2012年第9期。

洪大用:《社会变迁与环境问题》,首都师范大学出版社2001

年版。

洪大用:《试论改进中国环境治理的新方向》,《湖南社会科学》2008 年第 3 期。

洪大用:《试论正确处理环境保护中的十大关系》,《中国特色社会主义研究》2006 年第 5 期。

洪大用主编:《中国民间环保力量的成长》,中国人民大学出版社 2007 年版。

洪浚浩:《中国的网络舆论:在国际关系领域与政府的互动》,《当代中国研究》2007 年第 2 期。

胡荣:《农民上访与政治信任的流失》,《社会学研究》2007 年第 3 期。

黄家亮:《通过集团诉讼的环境维权:多重困境与行动逻辑——基于华南 P 县一起环境诉讼案件的分析》,《中国乡村研究》2008 年总第 6 辑。

黄宗智:《华北的小农经济与社会变化》,中华书局 2000 年版。

晋军、何江穗:《碎片化中的底层表达——云南水电开发争论中的民间环保组织》,《学海》2008 年第 4 期。

黎尔平:《针灸法:环保 NGO 参与环境政策的制度安排》,《公共管理学报》2007 年第 1 期。

李晨璐、赵旭东:《群体性事件中的原始抵抗——以浙东海村环境抗争事件为例》,《社会》2012 年第 5 期。

李春燕:《中国农民的环境公正意识与行动取向——以小溪村为例》,《社会》2012 年第 1 期。

李达:《经济增长与环境质量——基于长三角的实证研究》,复旦大学博士学位论文,2007年。

李国庆:《环境事件中受害者与受益者的博弈——日本环境社会学的四个研究范式》,《中国社会科学报》2011年6月15日。

李静君:《中国工人阶级的转型政治》,载李友梅等主编:《当代中国社会分层:理论与实证》(《转型与发展》第1辑),社会科学文献出版社2006年版。

李欧梵:《城市文化中的精神面貌》,光明新闻文化中心2003年版。

李姝:《城市化、产业结构调整与环境污染》,《财经问题研究》2011年第6期。

李扬:《污染迁移的中国路径》,《中国新闻周刊》2006年第4期。

李芝兰:《跨越零和:思考当代中国的中央地方关系》,《华中师范大学学报(人文社会科学报)》2004年第6期。

刘爱玉:《国有企业制度变革过程中工人的行动选择——一项关于无集体行动的经验研究》,《社会学研究》2003年第6期。

刘爱玉:《选择:国企变革与工人生存行动》,社会科学文献出版社2005年版。

刘爱玉、付伟、庄家炽:《结构性力量与新生代工人抗争的组织化趋向》,《中国人力资源开发》2014年底3期。

刘建芝、许兆麟选编:《庶民研究》,中央编译出版社2005年版。

刘能:《中国乡村社区集体行动的一个理论模型:以抗交提留

款的集体行动为例》,《学海》2007 年第 5 期。

刘少杰:《理性选择理论的形式缺失与感性追问》,《学术论坛》2005 年第 3 期。

刘少杰:《理性选择研究在经济社会学中的核心地位与方法错位》,《社会学研究》2003 年第 6 期。

刘少杰:《中国经济转型中的理性选择与感性选择》,《天津社会科学》2004 年第 6 期。

刘向晖、周丽娜:《保卫厦门发起者讲述厦门 PX 事件始末》,载《中国新闻周刊》2007 年第 48 期,2007 年 12 月 28 日。

卢晖临、潘毅:《当代中国第二代农民工的身份认同、情感与集体行动》,《社会》2014 年第 4 期。

陆学艺主编:《当代中国社会结构》,社会科学文献出版社 2010 年版。

罗亚娟:《依情理抗争:农民抗争行为的乡土性——基于苏北若干村庄农民环境抗争的经验研究》,《南京农业大学学报(社会科学版)》2013 年第 2 期。

梅贤明、陈维山:《用迷信手段扰乱社会秩序,晋江五被告被判徒刑》,《人民法院报》2006 年 11 月 20 日。

孟凡帅:《社区体育概念的社会学分析综述》,《知识经济》2011 年第 10 期。

聂春雷:《隐匿的较量——医疗场域权力/关系运作的实践逻辑》,南京大学社会学博士学位论文,2006 年。

帕森斯:《现代社会的结构与过程》,光明日报出版社 1988 年版。

潘毅:《阶级的失语与发声——中国打工妹研究的一种理论视角》,《开放时代》2005年第2期。

齐晓瑾、蔡澍、傅春晖:《从征地过程看村干部的行动逻辑——以华东、华中三个村庄的征地事件为例》,《社会》2006年第2期。

任玲:《台湾环境运动的变迁与延续》,《理论与实践》2009年第7期。

荣敬本、崔之元等:《从压力型体制向民主合作体制的转变——县乡两级政治体制改革》,中央编译出版社1998年版。

沈毅、刘俊雅:《"韧武器抗争"与"差序政府信任"的解构——以H村机场噪音环境抗争为个案》,《南京农业大学学报(社会科学版)》2017年第3期。

沈原:《市场、阶级与社会:转型社会学的关键议题》,社会科学文献出版社2007年版。

施国庆、吴上:《农民环境抗争的结果类型及其形成机制》,《河海大学学报(社会科学版)》2016年第4期。

石发勇:《关系网络与当代中国基层社会运动:以一个街区环保运动个案为例》,《学海》2005年第3期。

司开玲:《知识与权力:农民环境抗争的人类学研究》,南京大学博士学位论文,2011年。

宋元:《浙江D市环保纠纷冲突真相》,《凤凰周刊》2005年第13期。

孙展:《苏南污染"出走"苏北?》,《中国新闻周刊》2006年第4期。

汤森、沃马克:《中国政治》,顾速、董方译,江苏人民出版社 2003 年版。

唐中明、董妮佳:《环境纠纷在增多,起诉的才 0.01%》,《重庆晚报》2015 年 2 月 10 日。

陶传进:《从环境问题的解决中看公民社会的应有结构——基于百村调查资料分析的一种推论》,《学海》2007 年第 1 期。

陶传进:《环境治理:以社区为基础》,社会科学文献出版社 2005 年版。

陶权、肖生鹏:《中国承接国际产业转移所引发的环境污染及改善途径》,《对外经贸实务》2015 年第 6 期。

藤尼斯:《共同体与社会》,商务印书馆 1999 年版。

仝志辉:《农民选举参与中的精英动员》,《社会学研究》2002 年第 1 期。

童燕齐:《转型社会中的环境保护运动》,载张茂桂等:《两岸社会运动分析》,新自然主义股份有限公司 2003 年版。

童志锋:《变动的环境组织模式与发展的环境运动网络——对福建省 P 县一起环境抗争运动的分析》,《南京工业大学学报(社会科学版)》2014 年第 1 期。

童志锋:《地方政府对农村环境集体抗争的政治管制及其逻辑》,《杭州市委党校学报》2016 年第 5 期。

童志锋:《动员结构与农村集体行动的生成》,《理论月刊》2012 年第 5 期。

童志锋:《动员结构与自然保育运动的发展——以怒江反坝运动为例》,《开放时代》2009 年第 9 期。

童志锋:《历程与特点:快速转型期下的中国环保运动》,《理论月刊》2009 年第 3 期。

童志锋:《历程与特点:社会转型期下的环境抗争研究》,《甘肃理论学刊》2008 年第 6 期。

童志锋:《认同建构与农民集体行动——以环境抗争为例》,《中共杭州市委党校学报》2011 年第 1 期。

童志锋、黄家亮:《通过法律的环境治理:双重困境与双管齐下》,《湖南社会科学》2008 年第 3 期。

汪晖:《环保是未来的“大政治”——打破发展主义共识,寻找新出路》,《绿叶》2008 年第 2 期。

汪洁:《外商直接投资与污染产业转移问题浅析——以江苏省为例》,《商场现代化》2007 年 12 月(上旬刊)。

汪劲:《中国环境法学研究的现状与问题——1998—2003 年中国环境法学研究状况调查报告》,《法律科学》2005 年第 4 期。

王灿发:《我国环境立法的困境与出路——以松花江污染事件为视角》,《中州学刊》2007 年第 1 期。

王刚:《一个贫困县的选择》,《中国新闻周刊》2006 年第 4 期。

王国勤:《社会网络下的集体行动——以林镇群体性事件为案例的研究》,中国人民大学政治学博士学位论文,2008 年。

王华、郭红燕、黄德生:《我国环境信息公开现状、问题与对策》,《中国环境管理》2016 年第 1 期。

王慧敏、江南:《杭州解开了“邻避”这个结》,《人民日报》2017 年 3 月 24 日第 19 版。

王丽、李惊亚、胡星、李放、张京品:《诉讼渠道解决的环境纠纷不足1%——会内会外谈如何让环境司法“硬起来”》,《新华每日电讯》2015年3月15日第3版。

王萍:《德国的环境保护及其对我国的启示》,《世界经济与政治论坛》2006年第2期。

王绍光、刘欣:《信任的基础:一种理性的解释》,《社会学研究》2002年第4期。

王思斌:《共事依赖:乡—村干部关系的一种模式》,载王汉生、杨善华:《农村基层政权运行与村民自治》,中国社会科学出版社2001年版。

王伟光主编:《提高构建社会主义和谐社会能力》,中共中央党校出版社2005年版。

巫仁恕:《激变良民:传统中国城市群众集体行动之分析》,北京大学出版社2011年版。

吴理财:《农村社区认同与农民行为逻辑——对新农村建设的一些思考》,《经济社会体制比较》2011年第10期。

吴毅:《“权力—利益的结构之网”与农民群体性利益的表达困境》,《社会学研究》2007年第5期。

吴毅:《双重边缘化:村干部角色与行为的类型学分析》,《管理世界》2002年第11期。

夏友富:《外商投资中国污染密集产业现状、后果及其对策研究》,《管理世界》1999年第3期。

谢岳:《抗议政治学》,上海教育出版社2010年版。

新华网网络舆情监测分析中心:《以舆情治理为契机　提升

社会治理能力——2016 年度社会热点事件网络舆情报告》，2017 年 1 月，内部报告。

邢朝国：《情境、感情与力：暴力产生的一个解释框架》，《中国农业大学（社会科学版）》2014 年第 1 期。

徐小飞：《立案登记挤破门槛　环保法庭“等米下锅”》，《人民法院报》2015 年 6 月 2 日第 2 版。

徐勇：《村干部的双重角色：代理人与当家人》，《二十一世纪》1997 年第 8 期。

许林：《国际产业转移对中国经济及环境保护的影响与对策》，《生态经济》2014 年第 3 期。

鄢波：《弱组织动员与工人抗争——基于 S 企业工人维权的个案分析》，《社会科学》2016 年第 5 期。

杨昌举等：《关注西部：产业转移与污染转移》，《环境保护》2006 年第 3 期。

杨建华：《还我们青山绿水》，《方圆》2002 年第 3 期。

杨善华、沈崇麟：《城乡家庭——市场经济与非农化背景下的变迁》，浙江人民出版社 2000 年版。

杨书臣：《近年来日本环境污染防治的特点、举措及趋势》，《日本学刊》2009 年第 1 期。

应星：《“气”与抗争政治——当地中国乡村社会稳定问题研究》，社会科学文献出版社 2011 年版。

应星：《“气”与中国乡村集体行动的再生产》，《开放时代》2007 年第 6 期。

应星：《草根动员与农民群体利益的表达机制：四个个案的比

较研究》,《社会学研究》2007 年第 2 期。

于建嵘:《农民维权与底层政治》,《东南学术》2008 年第 3 期。

于建嵘:《以法抗争:当前农民维权活动的一个解释框架》,《社会学研究》2004 年第 2 期。

于建嵘:《岳村政治——转型期中国乡村政治结构的变迁》,商务印书馆 2001 年版。

岳华东:《社会转型期群体性事件的成因》,《中国党政干部论坛》2007 年第 5 期。

曾繁旭:《NGO 媒体策略与空间拓展——以绿色和平建构“金光集团云南毁林”议题为个案》,《开放时代》2006 年第 6 期。

曾鹏:《社区网络与集体行动》,社会科学文献出版社 2008 年版。

翟学伟:《走出本土化的两难困境》,《东方》1994 年第 6 期。

占李玲、陈洪昭:《产业结构调整与环境污染关系的实证分析——以福建省为例》,《福建师大福清分校学报》2014 年第 5 期。

张劼颖:《从“生物公民”到“环保公益”:一个基于案例的环保运动轨迹分析》,《开放时代》2016 年第 2 期。

张金俊:《农民从环境抗争到集体沉默的“社会—心理”机制研究》,《南京工业大学学报(社会科学版)》2016 年第 3 期。

张静:《现代公共规则与乡村社会》,上海书店出版社 2006 年版。

张军:《乡镇财政制度缺陷与农民负担》,《中国农村观察》2002 年第 4 期。

张磊:《业主维权运动:产生原因及动员机制——对北京市几个小区个案的考察》,《社会学研究》2005 年第 6 期。

张敏、郭远明:《污染“西进下乡”呼唤农民话语权》,《半月谈》2006 年第 12 期。

张玉林:《环境抗争的中国经验》,《学海》2010 年第 2 期。

张玉林:《社会科学领域的中国环境问题研究》,《浙江学刊》2008 年第 4 期。

张玉林:《政经一体化开发机制与中国农村的环境冲突》,《探索与争鸣》2006 年第 5 期。

张玉林:《中国农村环境恶化与冲突加剧的动力机制》,《洪范评论》2007 年总第 9 辑。

赵树凯:《“底层研究”在中国的应有意义》,《东南学术》2008 年第 3 期。

赵永康编:《环境纠纷案例》,中国环境科学出版社 1989 年版。

郑杭生:《减缩代价与增促进步:社会学及其深层理念》,北京师范大学出版社 2007 年版。

郑杭生:《科学发展观——执政党治国:治理社会根本理念的转变》,《北京党史》2004 年第 5 期。

郑杭生:《要研究转型中的中国社会和成长中的中国社会学》,载《本土特质与世界眼光》,北京大学出版社 2006 年版。

郑杭生:《中国特色社会学理论的探索:社会运行论、社会转型论、学科本土论、社会互构论》,中国人民大学出版社 2005 年版。

郑杭生、杨敏:《社会实践结构性巨变对理论创新的积极作用——一种社会学分析的新视角》,《中国人民大学学报》2006 年第 6 期。

中共中央组织部党建研究所调研室课题组:《正确认识和处理新形势下人民内部矛盾》,《马克思主义与现实》2001 年第 2 期。

中国科学院国情分析研究小组:《城市与乡村——中国城乡矛盾与协调发展研究》,科学出版社 1994 年版。

周飞舟:《从汲取型政权到"悬浮型"政权:税费改革对国家与农民关系之影响》,《社会学研究》2006 年第 3 期。

周琼:《丽江:失败的"以钱补污"》,《财经》2008 年第 17 期,总第 218 期。

周晓虹:《传统变迁——江浙农民的社会心理及其近代以来的嬗变》,生活·读书·新知三联书店 1998 年版。

# 后　　记

2005 年 9 月，我考入中国人民大学社会学系攻读博士学位，师从著名社会学家郑杭生教授。人大三年，是人生中最幸福的读书时光，也决定了未来的学术方向。那个时候，我常常流连于人大学生会门口的周末书市，往往一站就是半天，也喜欢骑着破旧自行车去北大附近的旧书店淘书，读书涉猎广泛，不拘于社会学。或许如此，也养成了我散漫的习惯，读书杂而不精，转眼一年已过，学位论文尚未定下主攻方向。大约是 2006 年暑期，我参加了北京大学--密歇根大学“跨学科社会科学”暑期夏令营，结识了一些朋友，并接触到了北京圈内一些活跃的社会组织，逐渐对环保社会组织的成长产生了兴趣。2006 年 11 月 11 日至 12 日，由中国人民大学社会学理论与方法研究中心、中国人民大学社会学系主办的首届“中国环境社会学”学术研讨会在北京召开。2007 年 6 月 30 至 7 月 1 日，首届“中国环境社会学国际学术研讨会”在人大举办。同期，人大社会学系还召开了首届集体行动与社会运动国际研讨会。通过参与这些学术会议，结合自己实践经历，我大体清晰了学位论文的研究路径，即从集体行动的视角切入到环境抗争领域研究。2018 年底，我以《农民集体行动的困境与逻辑——以 90 年代中期以来的环境抗争为例》通过了答辩并获得了中国人民大学的社会学博士学位。2009 年，我获得了国家社会科学基金资助，开展"社会转型中的农民集体行动研究"，这本书是我博士学位论文的深化，也是国家社科基金的最终成果。

2014 年，我申报的国家社科基金已经如期结题。或许是我做事过于拖沓，或许是对这本著作有特殊的情结，书稿一直放在手边，偶尔会重新读读，或者修订一下书稿中的表述，或者更新一下数据。2017 年底，我联系了人民出版社的赵圣涛编辑，计划出版这本著作。2018 年 5 月，我受浙江省 151 人才项目资助赴美国俄亥俄州阿克伦大学访学，期间，赵编辑与我进行了多次沟通，并共同厘定了新书名，同时对原稿中不适宜公开发表的章节进行了删减。与我而言，自 2006 年介入环境抗争研究，至今已超十年，发表了十几篇相关的学术论文，心气也大不如前，回望自己的研究历程，是时候对这个议题的研究做一小结了。

国内环境抗争、环保运动的实证研究始于 2005 年左右，其中最早的三篇文章分别为石发勇发表的《关系网络与当代中国基层社会运动——以一个街区环保运动个案为例》，冯仕政发表的《沉默的大多数：差序格局与环境抗争》和本人发表的《历程与特点：社会转型期下的环境抗争研究》，此后诸如此类的研究逐年增多。目前，环境抗争研究已经成为环境社会学、环境政治学一个较为热点的话题，研究的范围也涉及到环境抗争的原因、困境、动力、策略、防范机制与解决机制等方面。可以说，近十年来，环境抗争研究取得了长足的进展，但也存在着借用西方理论解释中国案例有余，原创性本土化概念创造不足等问题。笔者深知，真正原创性理论的提出需要整个学术社群的共同努力和长时间的学术争鸣，而这个学术社群应该是开放的，而不是封闭的，是跨学科的，而不是单一的。本书的出版无非是抛砖引玉。笔者相信，在整个学术社群的不懈努力下，终究会出现反映中国经验及其逻辑的本土化理论。

在我的学术研究过程中，有很多师友提供了帮助。十年前，在我的博士论文致谢中，我曾写道“首先要衷心感谢我的导师郑杭生教授，能入先生门下，是我的幸运。先生学识广博、思想睿智、治学严谨、为人谦和。三年来，先生言传身教，使我受益匪浅。”四年前，恩师病逝。在一篇纪念郑老师的文章中，我也写道：“‘70 后老郑’离开了我们，他的微信也不再更新了，作为七零后的我，时常会感到空落。”四年过去了，这种空落感不减反增。这本书的出版，也是交给郑老师的一份迟来的答卷，多么希望还能亲耳聆听老师的意见。

任何一点学术上的进步都离不开师友的指点和学术群体的相互砥砺，感谢洪大用、刘少杰、赵鼎新、单光鼐、夏建中、杨梅、李迎生、张玉林、陆益龙、冯仕政、仓理新、时立荣、何珊君、杨发祥、奂平清、潘鸿雁、陈玉生、费菲、刘小流、汪萍、陈云、李璐、丁建略、唐杰、黄家亮、饶旭鹏、胡宝荣、马国栋、卢昱、陈首、刘伟伟、谢婧怡、杨蜡、张利娟、何明修、叶国豪、David Chang、Andrew Junker、李占荣、宋国恺、焦若水、张伯驹、苏南、王晶晶等师友。浙江财经大学法学院为此书的出版提供了部分资助，在这里一并感谢。本书的部分内容已经在《开放时代》、《理论月刊》、《湖南社会科学》、《南京工业大学学报》、《杭州市委党校学报》等期刊发表，谢谢期刊提供的公开交流的平台。赵圣涛编辑工作严谨、敬业，再次感谢。我的硕士研究生陈志博和徐蔚对清样进行了细致的校对，谢谢你们。

已到不惑之年，即将初为人父，这个时候才更能体会父母亲无私的付出。于父母而言，他们唯一的希望就是我能健康快乐，我久居杭州，不能膝前尽孝，这本书也献给我的父亲童琢璋、母亲朱桃清。学术研究是清苦的修行，在不知不觉中消磨着学者的青春，幸运的是，一个叫 Kenneth 的小生命即将来到这个世界，我和家人都如此期待、无限憧憬。

童志锋

2018 年 10 月 20 日

于美国俄亥俄州阿克伦

责任编辑:赵圣涛
封面设计:王欢欢
责任校对:吕　飞

**图书在版编目(CIP)数据**

保卫绿水青山:中国农村环境问题研究/童志锋 著. —北京:人民出版社,2018.12

ISBN 978 - 7 - 01 - 019853 - 8

Ⅰ. ①保…　Ⅱ. ①童…　Ⅲ. ①农村生态环境-生态环境建设-研究-中国　Ⅳ. ①F323.22

中国版本图书馆 CIP 数据核字(2018)第 222415 号

**保卫绿水青山**

BAOWEI LÜSHUI QINGSHAN

——中国农村环境问题研究

童志锋　著

人民出版社 出版发行

(100706　北京市东城区隆福寺街 99 号)

北京中科印刷有限公司印刷　新华书店经销

2018 年 12 月第 1 版　2018 年 12 月北京第 1 次印刷

开本:710 毫米×1000 毫米 1/16　印张:17.25

字数:300 千字

ISBN 978 - 7 - 01 - 019853 - 8　定价:69.00 元

邮购地址 100706　北京市东城区隆福寺街 99 号

人民东方图书销售中心　电话 (010)65250042　65289539